改訂版

中学校3年間の英語が1冊でしっかりわかる本

60万人の英語力を伸ばした
プロ英語講師

濵﨑潤之輔

本書は、小社より2017年に刊行された『中学校3年間の英語が1冊でしっかりわかる本』を、2021年度からの新学習指導要領に対応させた改訂版です。

かんき出版

はじめに
すべての英語学習の最初の1冊！

「英語の基本をイチからしっかり学びたい」中学生とその保護者
「もう一度英語の勉強に挑戦しよう」と頑張っている大人
そんな人たちに向けて、僕はこの本を作りました。

英語を学び、使えるようになることが当たり前になってきた世の中。
けれど「英語は難しい」「なかなか勉強が長続きしない」と感じる人も少なくありません。あなたもその1人ではありませんか？

僕は、TOEIC L&R テストで990点（満点）を70回以上取得しています。また、大学や企業で TOEIC L&R テスト対策の指導をしながら、多くの書籍を出版してきました。
僕もかつては「いち学習者」でした。壁にぶつかり、点数が伸びず、自分には才能がないと落ちこんだ日もあります。そんな僕が試行錯誤の末にたどり着いた、英語学習に対する考えかたがあります。それは「問題の正解」を求めることより、英文がどう組み立てられているかを理解し、基本に立ち返ること。とくに中学で学ぶ英語は、すべての英語学習の土台です。TOEICL&R テストや英検、英会話でも、土台があれば、必ず力を伸ばせます。

小学校でも英語が必修となり、今まで以上に英語でのコミュニケーション能力が求められるようになりました。大学の入試改革、高校入試におけるスピーキングテストの導入などからもわかるように、より「使える英語」が求められる時代になってきています。
そこで本書では、これからの英語学習で必要とされる「聞く・読む・話す・書く」という4つの英語力を伸ばすトレーニング方法を紹介しています。また、2021年度からの新学習指導要領に掲載されている文法事項についても、大切な項目にはページを割き、できる限りていねいな説明をしています。あせらず少しずつ進めてみてください。

「英語が1ミリたりともできる気がしない」「留学経験がない」。そんな不安は一切いりません。年齢も関係ありません。本書を使って学んでくださるあなたの人生がよりよいものに変わることを期待しています。信じて最後まで学び終えたとき、必ず以前よりも「英語力が上がった」と実感していただけるはずです。一緒に頑張っていきましょう。

『改訂版 中学校３年間の英語が１冊でしっかりわかる本』の７つの強み

その1 各項目に ここが大切! を掲載！

　各レッスンの最初に ここが大切! を掲載しています。これから学ぼうとする単元の「要点」であり、「ゴール」でもあります。２ページ見開きで完結する解説を通じて、この ここが大切! の内容を理解し、身につけていきましょう。その積み重ねが英語力の基礎となります。

その2 音声を使って英語の4つの力を伸ばせる！

「英語力を伸ばす」には、英語を「聞く」「読む」「話す」「書く」という４つの力をつけることが必要です。そこで本書では、これら４つの技能を高めていくトレーニングを掲載しています。トレーニングの方法は６ページから詳しく説明していきますが、「リッスン アンド リピート」や「穴埋め英作文」などの練習を通じて、あなたの英語力を基本から着実に高めていきます。Part ごとの学習を終えたら、124ページからはじまる「４技能トレーニング」を進め、理解を深めていきましょう。

その3 子どもから大人まで一生使える！

　本書のタイトルは『改訂版 中学校３年間の英語が１冊でしっかりわかる本』ですが、中学生はもちろん、すでに英語の基礎を学校や英語塾などで学んでいる小学生や、久しく英語から離れ、「もう一度英語を頑張ってみたい」と考えている大人、お子さんに英語を教えたい保護者まで、どなたにでも使っていただける内容になっています。

その4 「学ぶ順序」と「わかりやすい解説」へのこだわり！

　英語の学習はすべてが有機的につながっています。前のレッスンで学んだことが、次のレッスンの土台になるという「積み上げ式」の学習が大切です。
　そうしたことから本書では、学習の効果が最大になる順番で学べるように構成しました。また、これまでの指導経験から、英語学習のつまずきやすいポイントやルールを覚え

るコツを盛り込んだり、例文や解説をできる限りシンプルでわかりやすいものにしたりと、スムーズに理解ができるように工夫をしています。

その5 最低限必要な文法用語をしっかり解説!

「主語」や「動詞」はわかるけれど、「目的語」や「補語」はよくわからない……。そういう方は決して少なくありません。

　必要以上に難解な文法用語を覚える必要はありません。ですが、英語を学ぶ上で**最低限必要な文法用語は、頭の中で英語の設計図を描くときに重要な役割を果たします**。僕がTOEIC L&R テストの点数を伸ばして満点がとれるようになったときのように、一度英語の設計図を覚えてしまえば、学習効率がぐんとアップするのです。そこで本書では、英語学習で最低限必要な文法用語の解説をしています。

その6 範囲とレベルは中学校の教科書と同じ!

　中学校で使われている主要教科書すべてに登場する文法事項を、本書でひと通り学ぶことができます。2021年度からの新学習指導要領には、それまでは高校で学ぶ内容だった「現在完了進行形」や「原形不定詞」、「仮定法」などが追加されました。本書では、これらについてもしっかりカバーしていきます。なお、文法事項だけでなく、使っている単語も、中学校で学ぶ範囲で登場するものだけで構成しています。

その7 is、am、are の使いかたから知識を積み上げられる!

　本書は2ページで完結するスタイルをとっているため、どこからでも学ぶことができますが、まずは**ページ順に学習を進めていく**ことをおすすめします。先に進むほどレベルの高い内容になっているため、基礎となる最初のページから着実に知識を積み上げていくことにより、無理なく後半の内容が理解できるよう構成に工夫をしてあります。

　ひと通り学習を終えたら、苦手だと感じた単元を中心に復習するようにしてください。

本書の使いかた

❶ ▶マークは、この見開きにある例文、ふりかえり問題すべての英文・訳の音声ファイルであることを示しています

❷ 各項目の学習で一番のポイントです

❸ 英語の例文と訳、解説です。文の組み立てかたや訳しかたをじっくり理解しましょう

❹ 理解のコツやアドバイスを、先生が教えてくれます

❺ おさえておきたいポイントを、コンパクトにまとめています

❻ 項目ごとのふりかえり問題です。下の解答を隠しながら、穴埋め英作文にチャレンジしましょう

▶ **トレーニング用の音声**

Part 1〜19の例文・訳とふりかえり問題の英文・訳、4技能トレーニングの音声ファイルがあります。各ページの▶マーク以下のファイル名をご確認の上、ご利用ください。

音声ダウンロードの手順

▶ audiobook.jp で音声を聴く

1 インターネットで音声ダウンロード用のサイトにアクセスします。

https://audiobook.jp/exchange/kanki

スマートフォン
上の QR コードを読み取ります。

パソコン
上記の URL を入力します。

2 表示されたページから、audiobook.jp への会員登録ページに進みます。

3 会員登録の後、1 のページに再度アクセスし、シリアルコードの入力欄に「30227」を入力して「送信」をタップまたはクリックしてください。
　※1 のページがわからなくなった場合は、一度 audiobook.jp のページを閉じてからやり直してください。

4 「ライブラリに追加する」のボタンを押します。

5 スマートフォンの場合はアプリ「audiobook.jp」をインストールしてご利用ください。パソコンの場合は「ライブラリ」から音声ファイルをダウンロードしてご利用ください。

注意！
※1 以外の URL からアクセスされますと、無料のダウンロードサービスをご利用いただくことができませんのでご注意ください。URL は「www」等の文字を含めず、正確にご入力ください。
※音声のダウンロードには、audiobook.jp への会員登録（無料）が必要です。既にアカウントをお持ちの方は、ログイン後に 3 の手順からはじめてください。
※パソコンからでも、iPhone や Android のスマートフォンからでも音声を再生いただくことができます。
※音声は何度でもダウンロード・再生いただくことができます。
※上記ダウンロードについてのお問い合わせ先：info@febe.jp（受付時間：平日の10 〜 20時）

▶音声データを直接ダウンロードする

https://kanki-pub.co.jp/pages/jhkaienglish/

パソコンから

スマートフォンから

※直接ダウンロードについてのお問い合わせ先：https://kanki-pub.co.jp/pages/infodl

Training

聞く×読む×話す×書く力をつける トレーニング方法

🦻 聞く力（リスニング）のトレーニング

STEP 1 英文を目で追って読み、すぐに文の意味（日本語訳）を確認する

発音がわからない表現があるときは、最初は自分なりの読みかたで読んでOKです。

STEP 2 音声を聞いて英文を「音」で理解する

音声を聞きながら文字を目で追って読み、その英文がどう発音されるのか確認してください。文字だけを見て発音したときとの差に気づくはずです。「文字」と「音」と「意味」が一致し、文字からでも音からでも英文が理解できるようになります。

STEP 3 英文を見ながら音声を聞くことを3回繰り返す

> **GOAL**「聞いて理解できる」＝「英文を音声で聞いた瞬間にその意味がわかる」
>
> リスニングの基礎力は、この3STEPで身につきます。「英語を英語のまま（日本語訳をしないで）音声で聞いただけで理解」し、言葉を頭の中に増やすことが、英語の「リスニング力」をアップさせる近道です。

📖 読む力（リーディング）のトレーニング

STEP 1 英文の日本語訳を声に出さずに読んで、意味を確認する

STEP 2 英文と日本語訳を、交互に声に出して音読する

英文→日本語訳の順に3回繰り返して読んでください。

（例）He uses this pen. → 彼はこのペンを使います。→ He uses this pen.
　　　→ 彼はこのペンを使います。→ He uses this pen. → 彼はこのペンを使います。

STEP 3 英文だけを3回繰り返して読む

（例）He uses this pen. → He uses this pen. → He uses this pen.

これを繰り返すと、英文を読むだけで（訳を見ないで）意味が理解できるようになります。

> **GOAL**「読んで理解できる」＝「英文を読んだ瞬間にその意味がわかる」
>
> 上記のSTEPを通じて、英文を「日本語訳を頼りにしないで」英語のまま理解するために必要な基礎力がつきます。「英語を英語のまま理解」し、言葉を頭の中に増やすことが、「リーディング力」のアップにつながります。

英語を身につけるには「聞く」「読む」「話す」「書く」という４つの力を伸ばすことが大切です。ここでは、僕が TOEIC L&R テスト対策に取り入れている学習法をお伝えします。124ページからの「４技能トレーニング」とあわせて読んでください。

話す力（スピーキング）のトレーニング

STEP 1 例文の音声を聞き、聞き終えたら音声をポーズの状態にする

STEP 2 すぐに同じ英文を声に出して言う

　STEP１～２の練習方法を「リッスン アンド リピート」と呼びます。このとき、英文は見ずに聞いたままの音を繰り返します。できる限りお手本の音声のまねをして、英文を声に出してください。同じ例文の練習を３回は繰り返しましょう。

　文字だけを見て「自分が想像している英文の〈音〉」のまま読むと、後で「本当の音に合わせる」という修正作業が必要になってきます。

　This is an apple. を「ディス イズ アン アップル」だと思っていたら、ネイティヴスピーカーによる音声では「ディスィザンナポー」と発音されていることに気づいたりするのです。

　最初は、リスニングとリーディングのトレーニングを行って自分の中に英文のストックを作り、その後でスピーキングの練習をしましょう。

> **GOAL**「英語を正しく話す基礎力をつける」
> 　英語を正しく話すために必要な、より正しい発音に近い形で話す力がつきます。

書く力（ライティング）のトレーニング

それぞれのLessonの最後と、各Partのトレーニングページで穴埋め英作文の問題を解きましょう。

> **GOAL**「英語を書く基礎力をつける」
> 　英語を速く正確に書くために必要な基礎力がつきます。ここでいう基礎力とは、主に語彙力（＝使える単語をどれだけ知っているか）と、文法力（＝英文を正しい語順で組み立てる力）です。この２つの能力を高めれば、より長くて複雑な英文を書けるようになります。

▶　英語を「話す」こと、「書く」ことを「アウトプット」（外に出すこと）といいます。アウトプットをするには、自分の中に話したいこと、書きたいことがなくてはなりません。それらを「インプット」（中に入れること）するために行うのが「聞く」ことと「読む」ことです。「聞く・読む」練習でストックを作り、それを「話す・書く」練習をしながら勉強を進めていくと効果的です。

もくじ

Pre-Lesson 1 英文を作る4つの要素

> **ここが大切！**
>
> 英文は主に「主語＋動詞＋目的語 or 補語」の順序で組み立てられます！

主語・動詞・目的語・補語が「文の要素」になる

文の要素とは、**英文を組み立てるときに必要なパーツ**となるものだと考えてください。これから、やさしい例文を使って一つひとつ理解していきましょう。

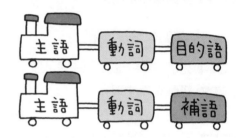

文の要素①　主語

例 <u>I</u> play the guitar.

訳 私はギターを弾きます。

日本語にしたときに「〜は」「〜が」にあたる語（語句）が主語です。この例文では I（私は）がそれにあたります。

文の要素②　動詞

例 You <u>have</u> many books.

訳 あなたはたくさんの本を持っています。

例 You <u>are</u> busy.

訳 あなたは忙しいです。（あなた＝忙しい）

日本語にしたときに「〜する」や「＝」（イコール）にあたる語（語句）が動詞です。上記の例文では、have「持っている」と are「＝」がそれにあたります。

動詞には、動作動詞と状態動詞があります。「急に中断したり、再開したりできる」動作を表すものが動作動詞で、それ以外が状態動詞と覚えておきましょう。

また、主語と動詞を含むカタマリのことを節と呼びます。

文の要素③　目的語

例　I play the guitar.
　　You have many books.

日本語にしたときに「〜を」「〜に」にあたる語（語句）が目的語です。上の例文では the guitar（ギターを）、下の例文では many books（たくさんの本を）がそれにあたります。

文の要素④　補語

例　She is beautiful.（She = beautiful）
訳　彼女は美しいです。（彼女＝美しい）

動詞を挟んで主語とイコールになる語（語句）が補語です。is は「＝」という内容を表す動詞なので、She is beautiful. は She = beautiful という内容の英文になります。主語の She（彼女は）とイコールになっているのは、beautiful（美しい）です。よって、beautiful がこの文の中では補語になります。

文の要素に対応する「品詞」

I play the guitar.

文の要素 → 主語　動詞　目的語

この例文では、**主語が I、動詞が play、目的語が the guitar** になります。それぞれの文の要素になる単語には、対応する品詞というものがあります。

I play the guitar.

品詞 → 代名詞　動詞　冠詞　名詞

I は文の要素では「主語」になりますが、単語の品詞では「代名詞」になります。play は文の要素でも品詞でも「動詞」、the guitar は文の要素では「目的語」ですが、品詞に分類すると、the が「冠詞」、guitar が「名詞」になります。

ひとことポイント　文の要素と品詞
①文の要素→主語・動詞・目的語・補語がある
②品詞→名詞・動詞・形容詞・副詞・代名詞・助動詞・前置詞・接続詞・冠詞・疑問詞などがある（12、13ページ参照）

単語のさまざまな役割

「文の要素」は単語や語句から作られます。そして単語は、それぞれの役割に応じた「品詞」に分類されます！

英文に必要な単語は「品詞」に分けられる

　文の要素を構成する単語は、役割によってさまざまな「品詞」に分類されます。ここでは、英文に登場する主な品詞を見ていきましょう。

品詞① 名詞

Hiroshi（ヒロシ：人名）、**Fukuoka**（福岡：地名）、**book**（本）など

　名詞は人名や地名、人や物を表し、主語や補語などになります。名詞には「可算名詞」（1つ、2つと数えることができる名詞）と「不可算名詞」（1つ、2つと数えることができない名詞）があります。可算名詞は、それが表す人や物の数が2つ以上のときには最後にsなどをつけた複数形になります。

a book
(1冊の)本

three books
3冊の本

　可算名詞の単数形には「冠詞」のa（an）がつくことがあり、不可算名詞にはつきません。また、a（an）は「1つの」という意味ですが、訳さない場合がほとんどです。

品詞② 動詞

see（見る）、**have**（持っている）、**wash**（洗う）など

　動詞は主語の動作や状態を表します。主語の後ろに置きます。

品詞③ 形容詞

beautiful（美しい）、**tall**（背が高い）、**difficult**（難しい）など

　形容詞は名詞の状態や性質を表します。名詞の前に置いてその名詞を修飾したり、補語になったりします。

品詞④ 副詞

always（いつも）、**very**（とても）、**well**（上手に）など

　副詞は程度や頻度などを表し、主に動詞・形容詞・副詞などの語句や文を修飾します。英文の中ではさまざまな位置に置かれます。

品詞⑤ 代名詞

I（私は）、**it**（それは、それを）、**her**（彼女の〈を・に〉）など

　代名詞は一度英文に登場した名詞の代わりに使われます。

品詞⑥ 助動詞

can（～することができる）、**must**（～しなければならない）、**may**（～かもしれない、～してもよい）、**will**（～するつもりだ、～するだろう）など

　助動詞は動詞の前に置かれ、話し手の気持ち、考えなどをつけ加えます。

品詞⑦ 前置詞

at（〈時刻〉に、〈場所〉で）、**for**（～に向かって、～のために）、**to**（～まで、～へ）など

　前置詞は名詞の前に置かれ、場所・時・方向などを表します。

品詞⑧ 接続詞

because（なぜなら～）、**when**（～するとき）、**but**（しかし）など

　接続詞は節（主語＋動詞＋α）や単語、語句などをつなぎます。

品詞⑨ 冠詞

a / an（1つの）、**the**（その）

　冠詞は名詞の前に置かれます。

品詞⑩ 疑問詞

what（何）、**who**（誰）、**how**（どのように）など

　疑問詞は主に疑問文の文頭に置いて使われます。

Part 1 be動詞

 Lesson 1

be動詞の肯定文

> ここが大切！
>
> be 動詞は「＝」（イコール）の役割を果たします！

be動詞は「＝」（イコール）の意味を表す

　is、am、are などを be 動詞といいます。英語には、大きく分けて 2 種類の動詞があり、そのうちの 1 つが be 動詞です。be 動詞は「＝」（イコール）の役割を果たします。ここでは、事実を単純に述べ、否定の意味が入らない肯定文について説明していきます。

主語＋be 動詞＋形容詞. の肯定文

例 I **am** happy.

訳 私は幸せです。（I ＝ happy）

be 動詞の am は主語が I のときに使います。

　I am happy. は I（私）am（＝）happy（幸せ）なので「私は幸せです」という意味になります。happy は状態や性質を表す形容詞の 1 つです。

　また、この文の主語になる I は「1 人称」になります。I（私は）の他にも、自分を含んだ we（私たちは）も同じ 1 人称です。you（あなたは・あなたたちは）が 2 人称、I、we、you 以外のものはすべて 3 人称だと覚えておいてください。

主語になる単語	単語の意味	主語の人称と数	セットで使うbe動詞
I	私は	1 人称単数	am
we	私たちは	1 人称複数	are
you	あなたは・あなたたちは	2 人称単数・複数	are
he、she、it	彼は、彼女は、それは	3 人称単数	is
they	彼らは・それらは	3 人称複数	are

＊「主語の人称と数」の項目にある「単数」や「複数」は「主語の表している数」のことで、例えば I は単数、we は複数になります。

> 「I am、You are、He is、She is、It is、They are」
> と唱えて覚えましょう！

主語＋be動詞＋名詞. の肯定文

例 She is a singer.

訳 彼女は歌手です。（She = a singer）

She（彼女は）は3人称単数なので be 動詞は is を使います。singer（歌手）は「名詞」と呼ばれ、「人や物など」を表す品詞です（12ページ参照）。

主語＋be動詞＋代名詞の所有格＋名詞. の肯定文

例 Yoshiki is my cousin.

訳 ヨシキは私のいとこです。（Yoshiki = my cousin）

my は代名詞の所有格で「〜の」という意味があり、名詞の前に置いて使います。

代名詞の所有格には my（私の）、our（私たちの）、your（あなたの、あなたたちの）、his（彼の）、her（彼女の）、its（その）、their（彼らの、それらの）があります（152ページ参照）。

ひとこと ポイント

be 動詞の使いかたを覚えよう

① be 動詞は「 = 」（イコール）の意味を表す

②3つの be 動詞「is」「am」「are」は主語によって使い分ける

③主語＋ be 動詞の後ろには、さまざまな品詞が続く

---

be 動詞の前を境に左側が主語、右側が述語です。
主語は「〜は」、述語は「…だ」を表します。

Lesson 1　be 動詞の肯定文 ふりかえり問題

※何度も復習したい人は、解答をノートなど別の紙に記入することをおすすめします。また、英文は全文を書くようにすると、より効果的に学習することができます。

①彼は幸せです。→ ☐ ☐ ☐ .

②サナダさんは忙しい（busy）です。→ Mr. Sanada ☐ ☐ .

③オオシマさんは作家（writer）です。→ Ms. Oshima ☐ ☐ ☐ .

解答 ● ① He is happy. ② Mr. Sanada is busy. ③ Ms. Oshima is a writer.

［ **ワンポイント** Mr. は「〜さん」という意味で、男性の名字の前につける敬称です。女性には Ms. をつけます。］

Part 1　be動詞

Lesson 2　be動詞の否定文

> **ここが大切！**
>
> is not（isn't）、am not、are not（aren't）は「≠」（イコールではない）という意味です！

be動詞の後ろにnotを置けば否定文になる

be 動詞の肯定文を否定文にしたいときは、is、am、are の後ろに not を置きます。is not（短縮形は isn't）、am not（短縮形はありません）、are not（短縮形は aren't）を使うと、その前後が「≠」（イコールではない）ということを表すことができます。

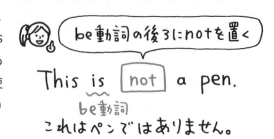

be動詞の後ろにnotを置く

This is [not] a pen.
　　　　be動詞

これはペンではありません。

主語＋be動詞＋not＋形容詞. の否定文

例 I am <u>not</u> happy.

訳 私は幸せではありません。（I ≠ happy）

be 動詞の am は主語が I のときに「＝」を表す表現ですが、**am の後ろに not を置いて am not とすると「≠」を表すことができます**。「私 ≠ 幸せ」なので、「私は幸せではありません」という意味になるのです。他の be 動詞の is や are も同様です。

また、am not には短縮形がありませんが、is not、are not にはそれぞれ isn't、aren't という短縮形があります。また、主語と be 動詞をくっつけて作る短縮形は I am が I'm、He is が He's、You are が You're などのように、am、is、are すべてにあります。

主語になる単語	be動詞	be動詞＋notの短縮形
I	am	なし
we	are	aren't
you	are	aren't
he、she、it	is	isn't
they	are	aren't

主語 + be動詞 + not + (冠詞 +) 名詞. の否定文

例 She is <u>not</u> a singer.

訳 彼女は歌手ではありません。（She ≠ a singer）

be 動詞の後ろに名詞が続く場合でも、not を置く位置は be 動詞のすぐ後ろです。

主語 + be動詞 + not + 代名詞の所有格 + 名詞. の否定文

例 Tetsuya is <u>not</u> my cousin.

訳 テツヤは私のいとこではありません。
（Tetsuya ≠ my cousin）

この例文では短縮形を使っていませんが、Tetsuya isn't my cousin. も正しい表現です。ただし、**固有名詞（人名・地名・国名・書名・建造物名など）が主語の場合は、主語 + be動詞の短縮形はふつう使いません**。なぜなら Tetsuya's は「テツヤの（もの）」という「所有」の意味を表すこともできるからです。

人の名前 + 's で「〜の（もの）」という「所有」を表します。

ひとこと ポイント be 動詞の否定文の基本をおさえよう
① not を使えば否定を表す文になる
② not は be 動詞のすぐ後ろに置く
③ be 動詞 +not は短縮形で表すこともある

Lesson 2　be 動詞の否定文 ふりかえり問題

①彼女は幸せではありません。→ ☐ ☐ ☐ .

②あなたは忙しくありません。→ You ☐ ☐ .

③私はコウタの妹ではありません。→ ☐ ☐ Kota's sister.

解答 ● ① She isn't happy. / She's not happy. ② You aren't busy. ③ I'm not Kota's sister.

Lesson 3 be動詞の疑問文

> ここが大切！
>
> She is a student. の主語（She）と be 動詞（is）の順序を入れかえて文末に？を置くと、Is she a student? となって「彼女は生徒ですか？」という疑問文を作ることができます！

主語とbe動詞を入れかえて文末に？を置くと疑問文になる

　主語と be 動詞の順序を入れかえて文末に？（クエスチョンマーク）を置くと疑問文になります。She is... . の文であれば Is she...? に、You are... . の文であれば Are you...? のように主語と be 動詞の順序を入れかえ、文末には？をつけます。

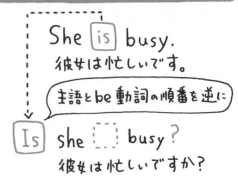

Yes または No で答えることのできる疑問文は、文末の調子を上げて読むようにします！

be動詞 + 主語 + 形容詞？の疑問文

例 **Are you happy?**

訳 あなたは幸せですか？

　You are happy. は「あなたは幸せです」という意味で、これは肯定文と呼ばれる形の文です。そしてこの文を「あなたは幸せですか？」という**疑問文（相手に質問する形の文）にする場合は、主語の You と be 動詞の are の順序を入れかえ、文末に？を置きます。**

肯定文	英文の意味	疑問文	英文の意味
You are happy.	あなたは幸せです。	Are you happy?	あなたは幸せですか？
He is busy.	彼は忙しいです。	Is he busy?	彼は忙しいですか？
Mr. Okada is tall.	オカダさんは背が高いです。	Is Mr. Okada tall?	オカダさんは背が高いですか？
The car is new.	その車は新しいです。	Is the car new?	その車は新しいですか？

be動詞＋主語＋（冠詞＋）名詞？の疑問文

例 Is she a singer? – Yes, she is. / No, she isn't.

訳 彼女は歌手ですか？ – はい、そうです。 / いいえ、違います。

　be 動詞を使った疑問文は、Yes か No で答えます。**Yes で答える場合には、Yes ＋ ,（カンマ）＋主語＋ be 動詞＋ .（ピリオド）で応答し、No で答える場合には No ＋ , ＋主語＋ be 動詞＋ not ＋ . で応答します。**

be動詞＋主語＋代名詞の所有格＋名詞？の疑問文

例 Is Ken your cousin? – Yes, he is. / No, he isn't.

訳 ケンはあなたのいとこですか？
　　 – はい、そうです。 / いいえ、違います。

　これも同じパターンです。Yes か No で応答するとき、疑問文の主語 Ken は、応答文では he（彼は）に変わっています。この **he は、一度登場した人や物が再登場するときに使われるもので、「代名詞」と呼ばれます。**

　代名詞は使う場面によって形が変化します（152ページ参照）が、詳しい使いかたは、それぞれが例文で登場するときに説明していきます。

> **ひとこと
> ポイント**　**be 動詞の疑問文の基本をおさえよう**
>
> ①肯定文の主語と be 動詞を入れかえ、文末に？を置いて作る
> ② Yes で答えるときは Yes, ＋主語＋ be 動詞 . で、
> 　 No で答えるときは No, ＋主語＋ be 動詞＋ not. で応答する

Lesson 3　**be 動詞の疑問文 ふりかえり問題** ------------------------------------

①あなたは幸せですか？→ ☐ ☐ ☐ ？

②ミウラさんは忙しいですか？→ ☐ Mr. Miura ☐ ？

③オオシマさんは作家ですか？→ ☐ Ms. Oshima ☐ ☐ ？

解答 ● ① Are you happy? ② Is Mr. Miura busy? ③ Is Ms. Oshima a writer?

Part 2　一般動詞

Lesson
1

一般動詞の肯定文

> ここが大切！
> 一般動詞は、主語の動作や状態を表します！

be動詞以外のすべての動詞が一般動詞

　play、use、know など、be 動詞以外の動詞を一般動詞といいます。

　一般動詞には、主語の動作を表す動詞（動作動詞）と主語の状態を表す動詞（状態動詞）の２種類があります。また、それとは別に他動詞（目的語を必要とする動詞）と自動詞（目的語を必要としない動詞）という分けかたもあります。順を追って説明していきましょう。

他動詞を使った肯定文

例 I **play** tennis.

訳 私はテニスをします。（I は play する tennis を）

　主語の動作や状態を表す文を作るときは、be 動詞の文と同様に**主語 + 動詞 + α の順序で単語を並べます**。日本語では「私は + テニスを + します」の順序ですが、英語では「私は + します + テニスを」の順序になります。英語で置きかえると、I play tennis. になります。

　play の後ろにくる tennis のように、「～を・～に」にあたる単語・語句を「目的語」と呼びます。また、play のように後ろに目的語を必要とする一般動詞を「他動詞」といいます。**主語 + 他動詞 + 目的語の順に単語を並べる**と覚えましょう。

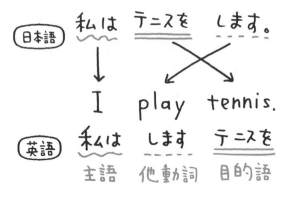

よく使う一般動詞	単語の意味	よく使う一般動詞	単語の意味
play	する・演奏する	have	持っている
use	使う	read	読む
know	知っている	watch	見る

自動詞を使った肯定文

例 I **go** to school.

訳 私は学校に行きます。（I は go する school に）

　この例文では、go（行く）という一般動詞のすぐ後に前置詞の to があり、その後ろに目的語の school があります。このように、**目的語を置くときに前置詞を必要とする一般動詞を「自動詞」**といいます。

　名詞の前に置く前置詞は、名詞が文の中でどのような役割を果たすかを決めます。前置詞の to は「方向・到達」を表すので、ここでの school は go する方向・到達点を表す役割を果たしています。

不完全自動詞を使った肯定文

例 You **look** busy.

訳 あなたは忙しそうに見えます。（You = busy）

　一般動詞の look には「見る」の他に「〜に見える」という意味があります。後ろにある busy は「忙しい」という意味の形容詞です。**一般動詞には be 動詞と同様に、動詞の前後を「＝」（イコール）の関係にするものがあり、それらは「不完全自動詞」と呼ばれます。**

> **ひとこと
> ポイント**
>
> ### 一般動詞についてまとめておこう
> ①一般動詞には「〜を・〜に」という意味の目的語を必要とする他動詞と、必要としない自動詞がある
> ②自動詞の後ろに目的語を置くときは、前置詞（名詞の前に置く！）が必要
> ③自動詞には be 動詞と似たような使いかたをする不完全自動詞がある

動詞には be 動詞と一般動詞があり、一般動詞にも動作動詞と状態動詞、自動詞と他動詞があって少しずつ使いかたが違います。

Lesson 1　一般動詞の肯定文 ふりかえり問題

①私は野球（baseball）をします。→ ☐ ☐ ☐ .

②あなたは怒っているように（angry）見えます。→ ☐ ☐ ☐ .

Lesson 2 一般動詞の否定文と命令文

> ここが大切！
>
> 一般動詞の否定文は do not(don't) を動詞の前に置いて作ります！

否定文は動詞の前にdo not(don't)を置いて作る

　一般動詞の否定文（「～しない」という否定の意味を表す文）は、動詞の前に do not、もしくは don't(do not の短縮形) を置いて作ります。

　not は、「後ろに続く表現」を否定する単語です。「何を否定するか」を考えると文を作りやすくなるので、覚えておきましょう。

I Study English.
私は英語を勉強します。

動詞の前に do not

→ I do not Study English.
私は英語を勉強しません。

一般動詞の否定文の作りかた

例 I don't play tennis.

訳 私はテニスをしません。（I は play しない tennis を）

例 You don't go to the park.

訳 あなたはその公園に行きません。（You は go しない the park に）

動詞の前に do not(don't) を置けば否定文のできあがりです。

否定の命令文と肯定の命令文

例 Don't go to the park.

訳 その公園に行かないでください。

do not(don't) を使った英文に、否定の命令文（～するな）があります。

You don't go to the park. は「あなたはその公園に行きません」という意味ですが、主語の You を外して Don't go to the park. とすると、「その公園に行かないでください」という否定の命令文になります。

例 **Go** to the park.

訳 その公園に行きなさい。

　肯定の命令文も作りかたは同じです。You go to the park. の **You を外して、Go to the park.** とすれば、「その公園に行きなさい」という命令文のできあがりです（命令文については145ページ参照）。

不完全自動詞を使った否定文

例 You **don't** look busy.

訳 あなたは忙しそうに見えません。

　動詞の前後を「＝」（イコール）の関係にする**不完全自動詞の否定文も、動詞の前にdo not(don't)を置いて作ります**。この文では、You ＝ busy ではないことを、don't を使って表しています。以下は中学校で習う英語によく登場する不完全自動詞の一覧です。

単語	単語の意味	単語	単語の意味
be動詞	〜である（＝〈イコール〉）	look	〜に見える
appear	〜に見える	remain	〜なままである
become	〜になる	seem	〜なように見える
feel	〜だと感じる	smell	〜なにおいがする
get	〜になる	sound	〜に聞こえる
go	〜になる	stay	〜なままである
grow	〜に成長する	taste	〜な味がする
keep	〜なままである	turn	〜に変わる

**ひとこと
ポイント** 　**一般動詞の否定文と命令文の基本をおさえよう**

①一般動詞の否定文は、動詞の前に do not(don't) を置いて作る

②否定の命令文は主語を外して Don't から、肯定の命令文は主語を外して動詞から
　文を始める

Lesson 2　**一般動詞の否定文と命令文 ふりかえり問題**

①私は野球をしません。→ ☐ ☐ ☐ ☐ ．

②あなたは忙しそうに見えません。→ ☐ ☐ ☐ ☐ ．

③その駅（the station）に行きなさい。→ ☐ ☐ ☐ ☐ ．

解答 ● ①I don't play baseball. ②You don't look busy. ③Go to the station.

Part 2 一般動詞

Lesson 3 一般動詞の疑問文

> ここが大切！
>
> 一般動詞の疑問文は主語の前に Do を置き、文末に？を置いて作ります！

Doと？で主語＋動詞＋αを挟む

「〜しますか？」とたずねたいとき に使う一般動詞の疑問文は、主語の 前に Do を、文末に？を置き、Do と？で主語＋動詞＋αを挟んで作り ます。

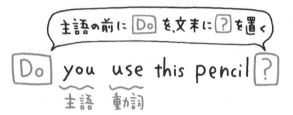

あなたはこの鉛筆を使いますか？

一般動詞の疑問文の作りかた

例 **Do** you play tennis? – Yes, I do. / No, I don't.

訳 あなたはテニスをしますか？ – はい、します。 / いいえ、しません。

例 **Do** you go to the park? – Yes, I do. / No, I don't.

訳 あなたはその公園に行きますか？

– はい、行きます。 / いいえ、行きません。

一般動詞の疑問文は、主語の前に Do、文末に？を置いて作ります。

また、Do you...? で質問された場合、「はい」であれば Yes, I [we] do. と応答し、「いい え」であれば No, I [we] don't. と応答します。

次の表は肯定文と疑問文を対比したものです。意味とあわせて覚えておきましょう。

肯定文（主語＋動詞＋α.）	疑問文（Do＋主語＋動詞＋α?）
You go to school.	**Do** you go to school?　あなたは学校に行きますか？
You teach English.	**Do** you teach English?　あなたは英語を教えますか？
You see my cousin.	**Do** you see my cousin? あなたは私のいとこに会いますか？
You read the book.	**Do** you read the book? あなたはその本を読みますか？
You use this pencil.	**Do** you use this pencil? あなたはこの鉛筆を使いますか？

不完全自動詞を使った疑問文

例 ○ **Do** I look busy**?**
　　 – Yes, you do. / No, you don't.
　× **Am** I look busy**?**

訳 私は忙しそうに見えますか？
　　 – はい、見えます。/ いいえ、見えません。

　動詞の前後を「＝」（イコール）の関係にする**不完全自動詞の疑問文も、Do と ? で文を挟んで作ります**。

　1つの文で使える動詞の数は、1つです。×の例文のように Am I look busy? としてしまうと、動詞を2つ使ってしまうことになり、間違った文になります（am は be 動詞、look は一般動詞）。「動詞は1文に1つ！」と覚えましょう。

Do を使った疑問文には、
Yes か No で答えるのが基本です！

**ひとこと
ポイント** 　　**一般動詞の疑問文の基本をおさえよう**

①一般動詞の疑問文は、文を Do と ? で挟んで作る

②「はい」の場合は Yes, +主語+ do. で、
　「いいえ」の場合は No, +主語+ don't. で応答する

Lesson 3 　**一般動詞の疑問文 ふりかえり問題**

①あなたはサッカー（soccer）をしますか？→ ☐ ☐ ☐ ☐ ?

　– はい、します。→ ☐ , ☐ ☐ .

②私は幸せそうに見えますか？→ ☐ ☐ ☐ ☐ ?

③あなたはその駅に行きますか？

　→ ☐ ☐ ☐ ☐ ☐ ☐ ?

　– いいえ、行きません。→ ☐ , ☐ ☐ .

解答 ● ① Do you play soccer? – Yes, I do. ② Do I look happy? ③ Do you go to the station? – No, I don't.

Part 3 疑問詞

Lesson 1 疑問詞を使った疑問文（be動詞）

> **ここが大切！**
>
> 疑問詞には、who「誰」、what「何」、which「どれ」、when「いつ」、where「どこ」、why「なぜ」、how「どのように」などがあり、「具体的な情報」を相手から得たいときに使われます。

疑問詞＋be動詞＋主語...? で疑問文を作る

「あれはレストランですか？」は Is that a restaurant? と表しますね。一方、「あれは何ですか？」を英語で表現する場合には、疑問詞を使います。

疑問詞＋ be 動詞＋主語 ...? の順序にあてはめると What is that? になります。この場合、What という疑問詞は文の補語になっています。

まずは、色々な疑問詞を使った be 動詞の疑問文を見てみましょう。

疑問詞を使った疑問文	英文の意味
Who is the boy?	その少年は誰ですか？
What is your name?	あなたの名前は何ですか？
When is your birthday?	あなたの誕生日はいつですか？
Where is the station?	駅はどこですか？
Why are you free?	なぜあなたは暇なのですか？

Whatを使った疑問文

例 **What** is this? – **It** is my pen.

訳 これは何ですか？（What = this ?）– それは私のペンです。（It = my pen）

上の例文で What is this? に対する応答が It is my pen. となっていますね。このように、ふつう疑問文の中にある主語の **this「これは」** や **that「あれは」** は、応答文の中では代名詞の **It「それは」** に言いかえられます。

Whoを使った疑問文

例 **Who** is the singer? – She is Ms. Rousey.

訳 その歌手は誰ですか？ – ラウジーさんです。

「その歌手は誰ですか？」という質問に対して、「（彼女は）ラウジーさんです」と応答しています。**She（彼女は）は、疑問文にある the singer を指す代名詞です。**

Whenを使った疑問文

例 **When** is her birthday?

– Her birthday is February 19.

訳 彼女の誕生日はいつですか？ – 彼女の誕生日は 2 月19日です。

この応答文にある **Her birthday は、代名詞の It に言いかえることができます。** また、It is は It's という短縮形で表すこともできます。

ひとこと ポイント 疑問詞を使った疑問文（be 動詞）の受け答えをマスターしよう

疑問詞を使った疑問文	応答文の例
Who is the boy?	He is Hiroshi.　彼はヒロシです。
What is your name?	My name is Kenny Goto. 私の名前はゴトウケニーです。
When is your birthday?	My birthday is January 23. 私の誕生日は 1 月23日です。
Where is the station?	It is across the street. （それは）通りの向こう側にあります。
Why are you free?	Because today is a holiday. 今日は祝日だからです。

Lesson 1 **疑問詞を使った疑問文（be 動詞）ふりかえり問題**

①これは何ですか？ → ☐ ☐ ☐ ?

　– それは私のノートです。 → ☐ ☐ ☐ notebook.

②あなたの誕生日はいつですか？ → ☐ ☐ ☐ ☐ ?

　– 私の誕生日は 1 月（January）4 日です。 → ☐ ☐ ☐ ☐ 4.

解答 ● ① What is this? – It is my notebook. ② When is your birthday? – My birthday is January 4.

Part 3 疑問詞

疑問詞を使った疑問文（一般動詞）

> **ここが大切！**
> 疑問詞を使った一般動詞の疑問文は、疑問詞＋ do ＋主語＋動詞＋α？の順序で作ります。

疑問詞＋ do ＋主語＋動詞＋α？で疑問文を作る

「あなたはペンを持っていますか？」は Do you have a pen? と表します。

　一方、「あなたは何を持っていますか？」を英語で表現するときは、疑問詞＋ do ＋主語＋動詞（＋α）？の順序にあてはめて What do you have? と表します。この場合、What という疑問詞は文の目的語になっています。

Whatを使った疑問文

例 **What** do you have? – I have a pencil.

訳 あなたは何を持っていますか？ – 私は鉛筆を持っています。

　What do you have? の have の部分を変えると、「あなたは何を〜しますか？」という文を作ることができます。What do you use?「あなたは何を使いますか？」、What do you play?「あなたは何をしますか（演奏しますか）？」のように質問し、I use a pen.「私はペンを使います」や I play the guitar.「私はギターを演奏します」のように応答します。「〜（楽器名）を演奏する」と表現したい場合には play the ＋楽器名と表します。「〜（スポーツ名）をする」というときは、play basketball や play tennis のように play ＋スポーツ名で表します。

Whoを使った疑問文

例 **Who** do you meet? – I meet Ms. Rousey.

訳 あなたは誰に会いますか？ – 私はラウジーさんに会います。

　You meet who? で「あなたは誰に会う」となりそうですが、**疑問詞の who を先頭に置き、疑問文なので主語の you の前に do を置く**、と理解しましょう。

Whereを使った疑問文

例 **Where** do you use this notebook? – I use it at school.

訳 あなたはどこでこのノートを使いますか？ – 私はそれを学校で使います。

this notebook「このノートを」は、応答文では代名詞の it「それを」に言いかえられています。at は前置詞で「時点」や「地点」を表すときに使います。at school は「学校（という地点）で」という場所を表し、at 9:00 p.m. だと「午後 9 時に」という時刻を表します。

ひとこと ポイント 疑問詞を使った疑問文（一般動詞）の受け答えを確認しよう

例 **What time** do you get up? – I get up at 7:00 a.m.

訳 あなたは何時に起きますか？ – 私は午前 7 時に起きます。

① 疑問詞を使った一般動詞の疑問文の語順は疑問詞 + **do** + 主語 + 動詞 + α ？になる
② **What time** のように疑問詞 + α で「疑問詞のカタマリ」となる表現もある

Lesson 2 **疑問詞を使った疑問文（一般動詞）ふりかえり問題**

① あなたはいつ彼に会いますか（meet）？→ ☐ ☐ ☐ ☐ him ?

② 私は彼に午後 3 時に会います。→ ☐ ☐ ☐ ☐ 3 p.m.

解答 ● ① When do you meet him? ② I meet him at 3 p.m.

[ワンポイント 「会う」を表すときは、meet や see を使います。meet には「お互い約束をして会う」イメージがあり、see には「片方から一方的に会う」イメージがあります。]

プラスアルファ解説

　下の表は、よく使われる不可算名詞（数えられない名詞）の一覧です。不可算名詞はあまり多くないので、下の表を覚えておくと便利です（12 ページ参照）。

不可算名詞	単語の意味	不可算名詞	単語の意味
water	水	wood	木材
juice	ジュース	time	時間
coffee	コーヒー	food	食べ物
furniture	家具	homework	宿題
money	お金	news	ニュース
bread	パン	lunch	昼食

Lesson 1　3単現の肯定文

> ここが大切！
>
> 3人称は「I でも we でも you でもない人や物」です。3人称の1人もしく
> は1つの物・ことが主語の場合、動詞に s や es をつけます！

3単現の肯定文は一般動詞にsやesをつける

主語が he や she、Mr. Tanahashi や Ms. Hojo のような3人称で単数、かつ現在のことを表す文であるときに使う動詞の形を、3人称単数現在形（3単現）と呼びます。また、3単現で使われる一般動詞は、ふつうの一般動詞の語尾に s や es をつけて作ります。なお、主語が3人称で複数の場合、動詞はそのままの形です。

3単現の肯定文

例 Mr. Naito play**s** baseball.

訳 ナイトウさんは野球をします。

　1人称は、I と we、つまり「自分」を含む表現です。2人称の you は、相手を表す「あなた・あなたたち」の意味を持ちます。I、we、you、つまり自分と相手以外の、すべての主語になる名詞（人や物）を3人称といいます。

　3人称で、なおかつ単数の人や物が主語になるときは、動詞に s や es をつけるという大切なルールがあり、こうしてできた動詞の形を「3単現」と呼びます。

3単現の動詞の変化

例 Ms. Banks go**es** to school.

訳 バンクスさんは学校に行きます。

　動詞の3単現では、s や es を語尾につけるときの一定のルールがあります。この例文では go「行く」という動詞が使われていますが、o で終わる動詞なので語尾に es がついています。右のページにまとめたルールを覚えておきましょう。

3単現の語尾　4つのルール

①多くの動詞は語尾に s をつける

②s、z、x、o、sh、ch で終わる動詞は、語尾に es をつける

③子音字（a、i、u、e、o 以外）＋ y で終わる動詞は、y を i に変えて es をつける

④ have は has になる

一般動詞の3単現	単語の意味	一般動詞の3単現	単語の意味
play**s**	する・演奏する	read**s**	読む
use**s**	使う	write**s**	書く
speak**s**	話す	like**s**	好む
know**s**	知っている	watch**es**	見る
stud**ies**	勉強する	**has**	持っている

s や es がついたときの発音

例 He look**s** busy.

訳 彼は忙しそうに見えます。

　looks の s は [s]（ス）と発音されます。**3単現の動詞の語尾の s や es は [z]（ズ）、[s]（ス）、[iz]（イズ）のいずれかの発音になります。**

ひとこと ポイント

3単現のルールについてまとめておこう

① 3単現は「I、we、you 以外の単数が主語の現在形の文で使う動詞の形」のこと

② 3単現の一般動詞は語尾に s や es をつけて作る。ルールは4つ！

Lesson 1　**3単現の肯定文 ふりかえり問題**

①彼女はその本を読みます。→ ☐ ☐ ☐ ☐ .

②ケニーはテレビを見ます。→ Kenny ☐ ☐ .

解答 ● ① She reads the book. ② Kenny watches TV.

3単現の否定文

> ここが大切！
>
> 一般動詞を使った3単現の肯定文を否定文にするときは、does not（doesn't）を動詞の前に置き、動詞を原形にします！

否定文はdoes not（doesn't）＋一般動詞の原形を使って作る

　一般動詞を使った3単現の肯定文を否定文にするときは、動詞の前に does not か doesn't（does not の短縮形）を置きます。その際、動詞は原形にします。動詞の原形とは「辞書を引いたときに載っている元の形」のことです。

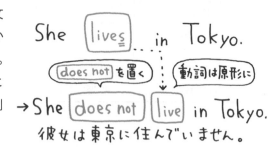

She ⎡lives⎤ in Tokyo.

（does not を置く）（動詞は原形に）

→ She ⎡does not⎤ ⎡live⎤ in Tokyo.
彼女は東京に住んでいません。

3単現の否定文
- -

例 **She does not play tennis.**

訳 彼女はテニスをしません。

　3単現の否定文は、do not のかわりに does not を使って作ります。She plays tennis. のように、**3単現の肯定文では動詞の語尾に s や es がつきました。これを否定文にする場合、動詞は原形にします**。例えば、辞書で「使う」を探すと use が太字で載っているはずです。動詞の原形とは、この use のように語尾などが変化していない、動詞の元々の形のことです。ここでは3単現の肯定の形と否定の形を比較してみましょう。

3単現の肯定の形	語句の意味	3単現の否定の形	語句の意味
goes to	～へ行く	doesn't go to	～へ行かない
comes to	～に来る	doesn't come to	～に来ない
wants	ほしい	doesn't want	ほしくない
teaches	教える	doesn't teach	教えない
looks at	～を見る	doesn't look at	～を見ない
looks	～に見える	doesn't look	～に見えない
runs	走る	doesn't run	走らない
lives in	～に住む	doesn't live in	～に住まない

3 単現の否定文　よくある間違い

例 ○ Mr. Watanabe **doesn't go** to the park.
　　× Mr. Watanabe **doesn't goes** to the park.

訳 ワタナベさんはその公園には行きません。

　肯定文を否定文にしようとすると、Mr. Watanabe doesn't goes to the park. のような間違いをしがちです。do や does を使っている文では、**必ず動詞は原形にするということを忘れないでください**。

不完全自動詞を使った否定文

例 Natsumi **doesn't look** busy.

訳 ナツミは忙しそうに見えません。

　3 単現の文では、**不完全自動詞を使った否定文も動詞の原形の前に does not(doesn't) を置いて作ります**。肯定文では動詞に s や es をつける、否定文では does not(doesn't) ＋動詞の原形を使う、と覚えておきましょう。

> **ひとことポイント**
> ### 3 単現の否定文の作りかた
> 　3 単現（一般動詞）の否定文は、動詞の原形の前に does not(doesn't) を置いて作る

自動詞や他動詞、語尾のパターンに関係なく、
主語＋ does not(doesn't) ＋動詞の原形＋α. です。

Lesson 2　**3 単現の否定文 ふりかえり問題**

①オカダさんは野球をしません。→ Mr. Okada ⬚ ⬚ ⬚ .

②アスカは忙しそうに見えません。→ Asuka ⬚ ⬚ ⬚ .

解答 ● ① Mr. Okada doesn't play baseball. ② Asuka doesn't look busy.

Lesson 3　3単現の疑問文

> **ここが大切！**
>
> 一般動詞を使った3単現の疑問文は、主語の前に Does を置き、文末に？
> を置いて作り、動詞は原形を使います！

Doesと？で文を挟み、動詞を原形にする

　3単現（一般動詞）の疑問文を作るときは、主語の前に Does を、文末に ? を置きます。このとき動詞は常に原形にしますが、忘れやすいので注意しましょう。

3単現の疑問文

例 **Does Sasha play tennis?**
　　– Yes, she does. / No, she doesn't.

訳 サーシャはテニスをしますか？ – はい、します。/ いいえ、しません。

例 **Does he go to the park?**
　　– Yes, he does. / No, he doesn't.

訳 彼はその公園に行きますか？
　　– はい、行きます。/ いいえ、行きません。

　文を Does と ? で挟み、動詞を原形にして疑問文を作ります。 また、この疑問文への答えが「はい」であれば Yes, ＋主語＋ does. と応答し、「いいえ」であれば No, ＋主語＋ doesn't. と応答します。下の表は肯定文（～します）と疑問文（～しますか？）を対比したものです。比較してパターンを理解してください。

肯定文（主語＋動詞＋α.）	疑問文（Does ＋主語＋動詞＋α?）
He goes to school.	Does he go to school?
She comes to my house.	Does she come to my house?
Mr. Omega wants a pen.	Does Mr. Omega want a pen?
Ms. Bliss teaches English.	Does Ms. Bliss teach English?
He sees my cousin.	Does he see my cousin?
She looks at the desk.	Does she look at the desk?

不完全自動詞の疑問文

例 **Does** Mr. Murata look busy**?**
　　– **Yes, he does.** / **No, he doesn't.**

訳 ムラタさんは忙しそうに見えますか？
　　– はい、見えます。 / いいえ、見えません。

例 **Do** Mr. Murata and Ms. Endo look busy**?**
　　– **Yes, they do.** / **No, they don't.**

訳 ムラタさんとエンドウさんは忙しそうに見えますか？
　　– はい、見えます。 / いいえ、見えません。

　3単現の文では、不完全自動詞の疑問文も、**Does と ? で文を挟み、動詞を原形にして作ります。**

　上の例文の応答文の主語は代名詞の he になっていますが、これは質問文の主語の Mr. Murata のことです。Yes, he does. は Yes, Mr. Murata looks busy. という内容を表し、No, he doesn't. は No, Mr. Murata doesn't look busy. という内容を表しています。

　下の例文の質問文の主語は、ムラタさんとエンドウさんの2人になります。この場合は3人称複数になるため、質問文には Do を使い、Yes, they do. か No, they don't. で答えます。

Do や Does を使う疑問文で一番大切なのは、
必ず動詞を原形にすることです！

**ひとこと
ポイント**　　**3単現の疑問文の作りかたと答えかた**

①3単現（一般動詞）の疑問文は、文を Does と ? で挟み、動詞は原形にして作る
②「はい」の場合は Yes, ＋主語＋ does. で、
　「いいえ」の場合は No, ＋主語＋ doesn't. で応答する。質問文の主語が固有名詞などの場合は、代名詞に言いかえて応答する

Lesson 3　　**3単現の疑問文 ふりかえり問題**

①彼は野球をしますか？→ ☐ ☐ ☐ ☐ ?

②彼女は幸せに見えますか？→ ☐ ☐ ☐ ☐ ?

③タグチさんはその駅に行きますか？
　→ ☐ Mr. Taguchi ☐ ☐ ☐ ☐ ?

解答 ● ① Does he play baseball? ② Does she look happy? ③ Does Mr. Taguchi go to the station?

Lesson
1

canを使った肯定文

ここが大切！

助動詞の can は動詞の原形の前に置いて「（その動作を）することができる」という意味を表します！

canは動詞の原形とセットで使う

　can は動詞の原形とセットで使い「（その動作を）することができる・してもよい」という話し手の「きっとできるだろう」という思い（主観）を表します。can use であれば「使うことができる」、can speak English であれば「英語を話すことができる」という意味になります。

can＋他動詞を使った肯定文

例 I **can** play tennis.

訳 私はテニスをすることができます。

　can は助動詞という品詞に属し、「～することができる（だろう）」という「話し手の主観」を表します。I can play tennis. は「私はテニスをすることができます」という意味ですが、実際にできるかどうかはともかく、話し手が「できる」と思っている、ということを表しています。

　一般動詞の肯定文と、その文に can を入れたものを比較してみましょう。

canを使っていない肯定文	canを使った肯定文
You go to school.	You **can** go to school.
He comes to my house.	He **can** come to my house.
She uses the pen.	She **can** use the pen.
Mr. Nagata teaches English.	Mr. Nagata **can** teach English.

can＋自動詞を使った肯定文

例 Ms. Brown **can** listen to the radio.

訳 ブラウンさんはラジオを聞くことができます。

　can は listen to のような一般動詞の自動詞＋前置詞の前にも置くことができます。**助動詞の can は常に動詞の原形の前に置くと覚えましょう。**

さまざまな助動詞を使った肯定文

例 **You can watch TV.**

訳 あなたはテレビを見ることができます。

例 **You may watch TV.**

訳 あなたはテレビを見てもよいです。
（あなたはテレビを見るかもしれません。）

例 **You must watch TV.**

訳 あなたはテレビを見なければなりません。

例 **You will watch TV.**

訳 あなたはテレビを見るでしょう。

> may 見てもよい. 見るかもしれない
> must 見なければならない
> will 見るだろう
> can 見ることができる

Part 5 助動詞の can

　助動詞には can の他にも **may**「〜してもよい・〜かもしれない」、**must**「〜しなければならない」、**will**「〜するつもりだ・〜するだろう」などがあります。すべて話し手の主観を表し、**助動詞＋動詞の原形の組み合わせで使います**。can と同じく may も must も will も現在形の文で使い、主語の人称や数に関係なく同じ形で使います（60、66〜67ページ参照）。

　　　助動詞を使う文は、主語が何人称なのか、単数・複数のどちらなのかを気にしなくていいので気が楽ですね。

ひとこと ポイント

助動詞の肯定文での使いかた

①助動詞には can「〜することができる」や may「〜してもよい・〜かもしれない」、must「〜しなければならない」、will「〜するつもりだ・〜するだろう」などがある
②助動詞を使う肯定文は、常に主語＋助動詞＋動詞の原形＋α .の順序にする

Lesson 1　**can を使った肯定文 ふりかえり問題**

①あなたはその本を読むことができます。

→ ◻︎ ◻︎ ◻︎ ◻︎ ◻︎ .

②カーメラさんは英語を教えられます。 → Ms. Carmella ◻︎ ◻︎ ◻︎ .

解答 ● ① You can read the book. ② Ms. Carmella can teach English.

Part 5 助動詞の can

Lesson 2 canを使った否定文

> **ここが大切！**
> 助動詞の can を使った否定文は、cannot(can't) を動詞の原形の前に置いて作ります！

cannot(can't) + 動詞の原形を使って否定文を作る

助動詞の can を使った否定文（〜することができません）は、動詞の原形の前に cannot、もしくは can't(cannot の短縮形) を置いて作ります。

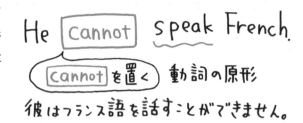

He [Cannot] speak French.
[Cannot]を置く　動詞の原形
彼はフランス語を話すことができません。

canを使った否定文

例 I **can't** play tennis.

訳 私はテニスをすることができません。

助動詞の can を使った否定文は、**動詞の原形の前に cannot、もしくは can't を置いて作ります**。助動詞はあくまでも話し手が感じていることを表現するときに使われるので、例文からは実際に「私」がテニスをすることができないのかどうかはわかりません。話し手が「(主語は) 〜することができない」と思っているとき、cannot や can't を使って表現します。

例 Ms. Fox **can't** listen to the radio.

訳 フォックスさんはラジオを聞くことができません。

助動詞の cannot(can't) は常に動詞の原形の前に置き、主語 + cannot(can't) + 動詞の原形 + α . の順序で否定文を作ります。

cannot は否定の意味合いを強く出すために can not と表現することがあるのですが、ふつうは cannot や短縮形の can't を使うことが多いです。

can を使った肯定文（～することができます）と否定文（～することができません）を対比して、文の組み立てかたを覚えましょう。

canを使った肯定文	canを使った否定文
You **can** go to school.	You **can't** go to school.
She **can** come to my house.	She **can't** come to my house.
Mr. Nagata **can** teach English.	Mr. Nagata **can't** teach English.

さまざまな助動詞を使った否定文

㋑ You **can't** watch TV.

㋭ あなたはテレビを見ることができません。

㋑ You **may not** watch TV.

㋭ あなたはテレビを見てはなりません（あなたはテレビを見ないかもしれません）。

㋑ You **must not** watch TV.

㋭ あなたはテレビを見てはなりません。

㋑ You **will not** watch TV.

㋭ あなたはテレビを見ないでしょう。

can 以外の助動詞を使った否定文の作りかたも can を使ったものと同様です。**主語＋助動詞＋ not ＋動詞の原形＋α .の順序で否定文を作ります**。may や must を使った否定文については68 ～ 69ページ、will を使った否定文については62ページで解説します。

助動詞の can はあくまでも話し手の主観で使っているので、実際に主語がそれをできるのか、できないのかはわかりません。

助動詞の can を使った否定文の作り方

助動詞の can を使った否定文は、動詞の原形の前に cannot(can't) を置いて作る

Lesson 2　can を使った否定文 ふりかえり問題

①私は野球をすることができません。→ ☐ ☐ ☐ ☐ .

②カーメラさんは英語を教えることができません。

→ Ms. Carmella ☐ ☐ ☐

解答 ● ① I can't(cannot) play baseball. ② Ms. Carmella can't(cannot) teach English.

canを使った疑問文

> **ここが大切！**
> 助動詞の can を使った疑問文は主語の前に Can を置き、文末に？を置いて
> 作り、動詞は原形を使います！

Canと？で文を挟んで疑問文にする

助動詞の can を使った疑問文（〜することができますか？）は、主語の前に Can を、文末に？を置いて作ります。動詞は常に原形を使います。

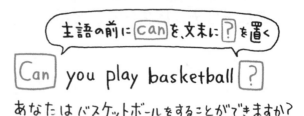

主語の前に Can を、文末に？を置く

Can you play basketball ？

あなたは バスケットボールをすることができますか？

canを使った疑問文

㉎ **Can** you play tennis? – Yes, I can. / No, I can't.

㉎ あなたはテニスをすることができますか？
　– はい、できます。/ いいえ、できません。

　助動詞の can を使った疑問文は、**文を Can と？で挟んで作ります**。can を使っている文では**必ず動詞を原形にすること**を忘れないようにしましょう。
　Can you...? と質問された場合、Yes か No で応答します。「はい」であれば Yes, I [we] can. と応答し、「いいえ」であれば No, I [we] can't. と応答します。

㉎ **Can** Ms. Fox listen to the radio?
　– Yes, she can. / No, she can't.

㉎ フォックスさんはラジオを聞くことができますか？
　– はい、できます。/ いいえ、できません。

　疑問文の主語は Ms. Fox という人名を表す固有名詞ですが、**応答文の中では she という代名詞にします**。

さまざまな助動詞を使った疑問文

例 **Can** you watch TV**?**

訳 あなたはテレビを見ることができますか？

例 **Must** you watch TV**?**

訳 あなたはテレビを見なければなりませんか？

例 **Will** you watch TV**?**

訳 あなたはテレビを見るつもりですか？

can 以外の助動詞を使った疑問文の作りかたも can を使ったものと同様です。**助動詞＋主語＋動詞の原形＋α？**の順序で疑問文を作ります。

助動詞を使った疑問文	英文の意味
Can you go to school?	あなたは学校に行くことができますか？
Must he come to my house?	彼は私の家に来なければなりませんか？
Will she use the pen?	彼女はそのペンを使うつもりですか？

ひとこと ポイント

助動詞の can を使った疑問文の作りかたと答えかた

① 助動詞の can を使った疑問文は、文を Can と？で挟んで作る。動詞は原形にする
② 「はい」なら Yes, ＋主語＋ can. で、「いいえ」なら No, ＋主語＋ can't. で応答する

Lesson 3　can を使った疑問文 ふりかえり問題

① あなたは野球をすることができますか？→ [　　　] [　　　] [　　　] [　　　] ?

　– はい、できます。→ [　　　] , [　　　] [　　　] .

② カーメラさんは英語を教えることができますか？

　→ [　　　] Ms. Carmella [　　　] [　　　] ?

　– いいえ、できません。→ [　　　] , [　　　] [　　　] .

解答 ● ① Can you play baseball? – Yes, I can. ② Can Ms. Carmella teach English? – No, she can't（cannot）.

ワンポイント Can I...? は、「私は〜することができますか？」という意味から派生して、「〜してもいいですか？」と許可を得たいときにも使われることがあります。また、Can you...? は「〜してくれませんか？」と「依頼」をするときにもよく使われます。

Part 6　現在進行形

Lesson 1　現在進行形の肯定文

> ここが大切！
>
> 現在進行形は「今まさに行っていること」を表します！

be動詞＋動詞のing形で「（今まさに）〜しています」を表す

「〜します」という意味を表す現在形に対して、「（今まさに）〜しています」という意味を表すのが現在進行形です。現在進行形の文は、be動詞＋動詞の ing 形（動詞の語尾が ing になっているもの）を使って表します。

私はテニスをします。（今この瞬間はしていない）

私は今まさにテニスをしています。

現在進行形の肯定文の作りかた

例 I **am** play**ing** tennis.

訳 私はテニスをしています。

　I play tennis. は「私はテニスをします」という意味ですが、これは「現在を中心として、過去も未来もテニスをする」という習慣的なことを表しています。一方 I am playing tennis. は、「（ふだんはともかく）今まさに、この瞬間にテニスをしている」ということを表す表現です。この形を現在進行形と呼びます。

　be動詞は現在形を使うため、**is か am か are を主語にあわせて選び、動作の内容を表す動詞は語尾に ing をつけて ing 形にします。**

例 Ms. Fox **is** listen**ing** to the radio.

訳 フォックスさんはラジオを聞いています。

　現在形では Ms. Fox listens to the radio.「フォックスさんはラジオを聞きます」となりますが、**現在進行形にするときは動詞の部分を be 動詞＋動詞の ing 形にします。**

動詞の ing 形のルール

① 多くの動詞は語尾に ing をつける

② 動詞が e で終わっているときは e を取って ing をつける

③ 動詞が ie で終わっているときは ie を y に変えて ing をつける

④ running「走っている」や swimming「泳いでいる」のように、単語の最後の文字を重ねてから ing をつけて作る場合もある

動詞の原形	動詞のing形
read / watch / speak	reading / watching / speaking
write / make / take	writing / making / taking
die / lie	dying / lying
run / swim / begin	running / swimming / beginning

現在進行形の肯定文を現在形の文にするには

例 You <u>are</u> us<u>ing</u> the camera.

訳 あなたはそのカメラを使っています。

　この現在進行形の肯定文を「あなたはそのカメラを使います」という**現在形の文にするときは、be 動詞を外して、動詞の ing 形を現在形にし、You use the camera. と表します。**

　You are using the camera. の主語は You（2人称）なので動詞は use のままですが、She is using the camera. を現在形の文にする場合には、using は uses にします。主語が **She という3人称単数なので、動詞の語尾に s をつけること**を忘れないでください（30ページ参照）。

ひとこと ポイント　現在進行形の基本をおさえよう

①現在進行形は「（今まさに）〜している」ということを表す

②現在進行形の文は be 動詞＋動詞の ing 形を使って作る

Lesson 1　**現在進行形の肯定文 ふりかえり問題**

①私は野球をしています。→ [　　] [　　] [　　] [　　] .

②カーメラさんは英語を教えています。→ Ms. Carmella [　　] [　　] [　　] .

解答 ● ① I am playing baseball. ② Ms. Carmella is teaching English.

Lesson 2　現在進行形の否定文

> ### ここが大切！
> 現在進行形の否定文は主語 + be 動詞 + not +動詞の ing 形 + α . の順序で作ります！

be動詞 + not +動詞のing形を使うと否定文になる

現在進行形の否定文（〜しているところではありません）は、be 動詞 + not +動詞の ing 形を使って作ります。

be 動詞のある否定文では、現在形だろうと現在進行形だろうと、be 動詞のすぐ後ろに not を必ず置くようにしてください！

現在進行形の否定文の作りかた

例 I **am not** play**ing** tennis.

訳 私はテニスをしているところではありません。

現在進行形の否定文は be 動詞 + not +動詞の ing 形を使って表し、「今この瞬間にはそのようなことはやっていない」という意味の文になります。

例文は I'm not playing tennis. のように短縮形を使って表すこともできます。主語が You なら You aren't(You're not) playing tennis. のように、主語が He なら He isn't(He's not) playing tennis. のように短縮形を使って表すこともできます。

例 Ms. Fox **isn't** listen**ing** to the radio.

訳 フォックスさんはラジオを聞いているところではありません。

現在進行形は be 動詞を使う文なので、**否定文を作るときは be 動詞 + not を使います。**Ms. Fox ≠ listening to the radio と考えてください。「フォックスさんはラジオを聞いている状態とイコールではない」ということを表しています。

現在進行形の否定文を現在形の文にするには

例 You **aren't** us**ing** the camera.

訳 あなたはそのカメラを使っているところではありません。

　この現在進行形の否定文を「あなたはそのカメラを使いません」という**現在形の文にするときは、be 動詞 + not を外して代わりに do not（don't）を置き、動詞の ing 形を原形にします。**

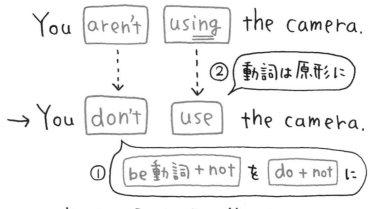

　You aren't doing your homework.「あなたは宿題をしているところではありません」を現在形の文にすると、You don't do your homework.「あなたは宿題をしません」になります。この場合の**don't は助動詞で do は動詞なので、間違えないように注意しましょう。**なお、主語が 3 人称単数の場合は、don't ではなく doesn't を使います。

**ひとこと
ポイント**

現在進行形の否定文についてまとめておこう
①現在進行形の否定文は「〜しているところではありません」という意味を表す
②現在進行形の否定文は be 動詞 + not +動詞の ing 形を使って作る

Lesson 2　現在進行形の否定文 ふりかえり問題

①私は野球をしているところではありません。

　→ ⬚ ⬚ ⬚ ⬚ ⬚ .

②カーメラさんは英語を教えているところではありません。

　→ Ms. Carmella ⬚ ⬚ ⬚ ⬚ .

解答 ● ① I am not playing baseball. ② Ms. Carmella is not teaching English.

Lesson 3 現在進行形の疑問文

> ここが大切！
>
> 現在進行形の疑問文は be 動詞＋主語＋動詞の ing 形＋α？の順序で作ります！

be動詞＋主語＋動詞のing形＋α？で疑問文になる

「〜しているところですか？」という意味を表す現在進行形の疑問文は、be 動詞＋主語＋動詞の ing 形＋α？の順序で作ります。

現在進行形の疑問文の作りかた

例 **Are** you play**ing** tennis**?**

訳 あなたはテニスをしているところですか？

　be 動詞＋主語＋動詞の ing 形＋α？を使って表す現在進行形の疑問文は、「（今この瞬間に）〜をしているところですか？」と相手に聞くときに使います。

　現在進行形は be 動詞を必ず使うので、疑問文の作りかたは be 動詞の疑問文を作るときと同じです。主語と be 動詞の順序を入れかえて文末に？を置けば OK です。

　現在進行形の肯定文と疑問文を比較して、文章の組み立てかたを確認しましょう。

現在進行形の肯定文 （〜しているところだ）	現在進行形の疑問文 （〜しているところですか？）
You are going to school.	Are you going to school?
He is coming to my house.	Is he coming to my house?
She is using the pen.	Is she using the pen?
Mr. Nagata is teaching English.	Is Mr. Nagata teaching English?

例 **Is** Ms. Fox listen**ing** to the radio**?**
　　– Yes, she is. / No, she isn't.

訳 フォックスさんはラジオを聞いているところですか？
　　– はい、そうです。 / いいえ、違います。

　現在進行形の疑問文に Yes で答える場合には、Yes, ＋主語＋ be 動詞 . で応答し、No で答える場合には、No, ＋主語＋ be 動詞＋ not. で応答します。

現在進行形の疑問文を現在形の文にするには

例 **Are** you us**ing** the camera?
– Yes, I am. / No, I'm not.

訳 あなたはそのカメラを使っているところですか？
– はい、そうです。／いいえ、違います。

　この現在進行形の疑問文を「あなたはそのカメラを使いますか？」という**現在形の文にするときは、be 動詞を Do にして、動詞の ing 形を原形にします。**なお、主語が3人称単数の場合は、Do ではなく Does を使います。

Part 6 現在進行形

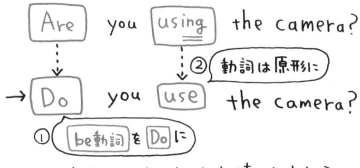

ひとこと ポイント **現在進行形の疑問文についてまとめておこう**

①現在進行形の疑問文は「〜しているところですか？」という意味を表す
②現在進行形の疑問文は be 動詞＋主語＋動詞の ing 形＋α？の順序で作り、
　Yes, ＋主語＋ be 動詞 . か No, ＋主語＋ be 動詞＋ not. で応答する

現在進行形の疑問文への応答のしかたは
be 動詞の疑問文のときと同じだと覚えましょう。

Lesson 3　**現在進行形の疑問文 ふりかえり問題**

①あなたは野球をしているところですか？→ ⬜ ⬜ ⬜ ⬜ ？

②カーメラさんは英語を教えているところですか？

　→ ⬜ Ms. Carmella ⬜ ⬜ ？

解答 ● ① Are you playing baseball? ② Is Ms. Carmella teaching English?

一般動詞の過去形（肯定文）

> **ここが大切！**
> 過去形は過去のある時期に行われた動作や、存在した状態を表します！

一般動詞を過去形に変化させる

played や used や knew などを、一般動詞の過去形といいます。

一般動詞の過去形は「〜した」や「〜だった」という、過去に行われた動作や存在した状態を表します（時制〈いつのことを言っているのか〉が過去の文で使います）。

また、一般動詞には played「した・演奏した」や used「使った」のように、語尾に(e)d をつけて過去形にする規則動詞と、knew「知っていた（know の過去形）」のように不規則に変化させて過去形にする不規則動詞の2種類があります。

日本語の「する」を「した」に変える感覚で動詞を変化させましょう！

規則動詞の過去形の肯定文

例 I play**ed** tennis yesterday.

訳 私は昨日テニスをしました。

規則動詞の過去形は、動詞の語尾に(e)d をつけて作ります。 日本語でも「私はテニスをします」という現在形の文を過去形にするときは「私はテニスをしました」のように表しますよね。つまり、「する」の部分を「した」にするだけであり、英語の過去形の文の作りかたも同様だと考えてください。

この例文には yesterday「昨日」という単語が文末にありますが、過去形の文には yesterday「昨日」や last week「先週」などのような「過去のある時点」を表す表現を一緒に使う場合があります。

過去のある時点を表す語句	語句の意味	過去のある時点を表す語句	語句の意味
yesterday	昨日	at that time	そのとき
last month	先月	then	そのとき
last week	先週	three days ago	3日前

不規則動詞の過去形の肯定文

例 I <u>went</u> to school last week.

訳 私は先週学校に行きました。

　wentはgo「行く」の過去形です。wentのように、**語尾に(e)dをつけるのではなく、まったく違う形に変化させて過去形にする一般動詞を不規則動詞といいます。**154、155ページに一覧があるので確認しておきましょう。文末にはlast week「先週」という、動作を行った過去の時点が表されています。

規則動詞の過去形の作りかたのルール

規則動詞の過去形の作りかたには、一定のルールがあります。
①多くの動詞は、語尾に ed をつける
②e で終わる動詞は、語尾に d をつける
③子音字（a、i、u、e、o 以外）＋ y で終わる動詞は、y を i に変えて ed をつける

一般動詞の原形	単語の意味	一般動詞の過去形	単語の意味
play	する・演奏する	play**ed**（規則動詞）	した・演奏した
want	ほしい	want**ed**（規則動詞）	ほしかった
use	使う	use**d**（規則動詞）	使った
study	勉強する	stud**ied**（規則動詞）	勉強した
know	知っている	**knew**（不規則動詞）	知っていた
have	持っている	**had**（不規則動詞）	持っていた

ひとこと ポイント
一般動詞の過去形についてまとめておこう
①一般動詞の過去形は過去の動作や状態を表す
②一般動詞には規則動詞と不規則動詞がある
③原則として規則動詞の語尾には(e)dをつけて過去形を作る

Lesson 1 　**一般動詞の過去形（肯定文）ふりかえり問題**

①私は昨日野球をしました。→ I ☐ ☐ ☐ .

②あなたはそのとき幸せそうに見えました。→ ☐ ☐ ☐ then.

解答 ● ① I played baseball yesterday. ② You looked happy then.

Lesson 2 一般動詞の過去形（否定文）

> **ここが大切！**
> 一般動詞の過去形の否定文は did not(didn't) を動詞の原形の前に置いて作ります！

動詞の原形の前にdid not(didn't)を置いて否定する

　一般動詞の過去形の否定文（～しませんでした）は、動詞の原形の前に did not、もしくは短縮形の didn't を置いて作ります。

過去形の否定文では主語の人称・数にかかわらず、すべて did not(didn't) を使えば OK です！

一般動詞の過去形の否定文

例 I <u>didn't</u> play tennis yesterday.

訳 私は昨日テニスをしませんでした。

　一般動詞の過去形の否定文は、動詞の原形の前に did not、もしくは didn't を置いて作ります。

　ここでは肯定の形（～した）と否定の形（～しなかった）を対比して、以下の表にまとめました。否定では短縮形の didn't を使って表しています。

一般動詞の過去形 肯定	語句の意味	一般動詞の過去形 否定	語句の意味
went to	～へ行った	didn't go to	～へ行かなかった
taught	教えた	didn't teach	教えなかった
met	会った	didn't meet	会わなかった
ran	走った	didn't run	走らなかった
lived in	～に住んでいた	didn't live in	～に住んでいなかった

do、does、didがある文では動詞を原形に

例 She **didn't go** to school last week.

訳 彼女は先週学校に行きませんでした。

　否定文や疑問文を作るときに使う **do、does、did を使っている文では、動詞はすべて原形にします**。これは do、does、did が can などと同じ助動詞であり、助動詞を使っている文の中にある動詞は原形になるからです。主語の人称・数が何であっても、このルールが適用されます。

不完全自動詞の否定文

例 You **didn't** look busy then.

訳 あなたはそのとき忙しそうには見えませんでした。

　then「そのとき」は過去のある時点を表し、ふつう文末に置きます。強調するときは文頭に置く場合もあります。

　過去形はあくまでも「過去」のことを表しているので、「現在とは距離のある感じ」を含んでいます。例えば You looked busy yesterday. であれば、「昨日は忙しそうに見えたけれども、今はそうでもないね」という状況で使われる表現だということです。

> **ひとこと
> ポイント**
>
> **一般動詞の過去形の否定文についてまとめておこう**
> ①一般動詞の過去形の否定文は動詞の原形の前に did not(didn't) を置いて作る
> ②過去のある時点を表す表現を文末や文頭に置く場合がある

last week「先週」、last month「先月」、last year「昨年」のように、
last の後ろを変えるとさまざまな過去のある時点を表す表現になります。

Lesson 2　**一般動詞の過去形（否定文）ふりかえり問題**

①私は昨日野球をしませんでした。→ I ⬜ ⬜ ⬜ ⬜ .

②あなたはそのとき幸せそうに見えませんでした。

　→ ⬜ ⬜ ⬜ ⬜ then.

解答 ● ① I didn't play baseball yesterday. ② You didn't look happy then.

Part 7 一般動詞の過去形

Lesson 3 一般動詞の過去形(疑問文)

> **ここが大切!**
>
> 一般動詞の過去形の疑問文は主語の前に Did を置き、文末に？を置いて作り、動詞は原形を使います！

Didと？で文を挟み、動詞を原形にする

一般動詞の過去形の疑問文（〜しましたか？）は、主語の前に Did を、文末に？を置いて作ります。

ここでも「助動詞を使っている文では動詞は原形にする」というルールを忘れないでください！

一般動詞の過去形の疑問文

- 例 **Did you play tennis yesterday?**
  – Yes, I did. / No, I didn't.
- 訳 あなたは昨日テニスをしましたか？
  – はい、しました。／いいえ、しませんでした。

「〜しましたか？」という意味の一般動詞の過去形の疑問文は、文を Did と？で挟み、動詞を原形にして作ります。

Did you...? で質問された場合、「はい」であれば Yes, I [we] did. と応答し、「いいえ」であれば No, I [we] didn't. と応答します。

過去形の肯定文
You taught English.
動詞の過去形
あなたは英語を教えました。

過去形の疑問文
Did you teach English ?
主語の前に Did　動詞の原形　？を置く
あなたは英語を教えましたか？

didがある文では動詞を原形に

例 **Did** you go to school last week?
– Yes, I **did**. / No, I **didn't**.

訳 あなたは先週学校に行きましたか？
– はい、行きました。/ いいえ、行きませんでした。

「行った」を表すのは go の過去形の went ですが、Did you went to school last week? としないように気をつけてください。助動詞の **did や didn't を使うときは常に動詞を原形にします**。

不完全自動詞を使った疑問文

例 **Did** he look busy then?
– Yes, he **did**. / No, he **didn't**.

訳 彼はそのとき忙しそうに見えましたか？
– はい、見えました。/ いいえ、見えませんでした。

不完全自動詞を使った過去形の疑問文や否定文でも、主語の人称や数にかかわらず did や didn't を使い、動詞を原形にします。また、疑問文の中の主語は、応答文では代名詞にします。

> **ひとこと ポイント** **一般動詞の過去形の疑問文についてまとめておこう**
> ①一般動詞の過去形の疑問文は主語の前に Did を、文末に？を置いて作る
> ②一般動詞の過去形の否定文・疑問文では、主語の人称や数にかかわらず did や didn't を使って文を作り、動詞は必ず原形にする

Lesson 3 **一般動詞の過去形（疑問文）ふりかえり問題**

①あなたは昨日野球をしましたか？→ ☐ ☐ ☐ ☐ yesterday?

②アスカはそのとき幸せそうに見えましたか？

→ ☐ Asuka ☐ ☐ then?

– はい、見えました。→ ☐ , she ☐ .

·解答 ● ① Did you play baseball yesterday? ② Did Asuka look happy then? – Yes, she did.

Part 8 　be動詞の過去形

Lesson 1 　be動詞の過去形（肯定文）

> ここが大切！
>
> be 動詞の過去形 was と were は「＝」（イコール）の役割を果たし、人や物の過去の状態を表すときなどに使います！

be動詞の過去形

「昨日〜をしました」のように、過去のことを英語で言うときは、動詞を過去形に変えます。be 動詞を過去形にするときは、is と am が was に、are が were になります。

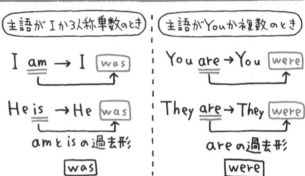

主語＋be動詞＋形容詞. の肯定文

例 I **was** happy then.

訳 私はそのとき幸せでした。
（I ＝ happy then）

be 動詞の過去形の was は、主語が I か 3 人称単数のときに使います。また、この例文には過去を表す then「そのとき」がありますが、was や were は「過去のある時点で、主語と何かがイコールの状態だった」ことを表します。

主語＋be動詞＋名詞. の肯定文

例 She **was** a singer.

訳 彼女は歌手でした。（She ＝ a singer）

She （彼女は）は 3 人称単数なので be 動詞は was を使います。

主語（単数の固有名詞）＋be動詞＋形容詞. の肯定文

例 Tetsuya <u>was</u> busy yesterday.

訳 テツヤは、昨日忙しかったです。（Tetsuya ＝ busy yesterday）

　Tetsuya（テツヤ）も3人称単数なので、be動詞は was を使います。**主語がIか3人称単数であれば was、You か複数であれば were にする**ことを覚えてください。

ひとことポイント

be 動詞の過去形のルールをおさえよう

① be 動詞の過去形は was か were の2つ

② be 動詞は「＝」（イコール）の意味を表す

③「過去のある時点で、主語と何かがイコールの状態だった」ことを表す

プラスアルファ解説 **There be 構文**

例 <u>There were</u> some books on the desk yesterday.

訳 昨日、机の上に数冊の本がありました。

　be 動詞を使った新たな表現を解説します。

　There + be 動詞 〜 . は「〜がいます・あります」という意味を表し、「There be 構文」と呼ばれます。例文では **There were と過去形の be 動詞を使っているので「〜がありました」という意味になります**。some books が「存在した物」、on the desk が「存在していた場所」、yesterday が「存在していた過去のある時点」を意味します。

　some は「いくつかの」と訳されることが多いですが「はっきりとはわからない、ぼんやりとした数量の」というイメージを持つ単語です。「何冊あるか、はっきりとはわからないけれども本がある」、つまり「数冊の本がある」という意味になります。book のような数えられる名詞の複数形はふつう s をつけて作ることも忘れないようにしましょう（12ページ参照）。

Lesson 1 **be 動詞の過去形（肯定文）ふりかえり問題**

①彼は幸せでした。→ ☐ ☐ ☐ .

②サナダさんは昨日は忙しかったです。→ Mr. Sanada ☐ ☐ ☐ .

③テーブルの上に、3冊のノートがありました。

　→ ☐ ☐ ☐ notebooks ☐ ☐ ☐ .

解答 ● ① He was happy. ② Mr. Sanada was busy yesterday. ③ There were three notebooks on the table.

Lesson 2 be動詞の過去形（否定文）

> ここが大切！
>
> was not（wasn't）や were not（weren't）は、その前後の関係が「≠」
> （イコールではなかった）という意味を表します！

wasか wereの後ろにnotを置いて否定文にする

be 動詞を使った過去形の肯定文を否定文にしたいときは、was、were の後ろに not を置きます。was not（短縮形は wasn't）、were not（短縮形は weren't）を使うと、過去のある時点でその前後が「≠」（イコールではなかった）ということが表されます。

主語＋be動詞＋not＋形容詞. の否定文

例 I **was not** happy then.

訳 私はそのとき幸せではありませんでした。（I ≠ happy then）

be 動詞の was は主語が I か3人称単数のときに使いました。**過去形の be 動詞 was の後ろに not を置いて was not とすると、現在形のときと同じように「≠」を表すことができます。**

主語＋be動詞＋not＋名詞. の否定文

例 She **wasn't** a singer.

訳 彼女は歌手ではありませんでした。（She ≠ a singer）

ここでは**短縮形の wasn't を使いましたが She was not a singer. でも大丈夫です。**

主語＋be動詞＋not＋代名詞の所有格＋名詞. の否定文

例 ○ Mr. Naito **wasn't** my student.
　 × Mr. Naito weren't my student.

訳 ナイトウさんは、私の生徒ではありませんでした。
　 （Mr. Naito ≠ my student）

be 動詞を使った過去形の否定文は、**was not（wasn't）か were not（weren't）のいずれかしか使いません。**主語が単数か複数（もしくは you）かに注意して使い分けてください。

プラスアルファ解説 **There be 構文の否定文**

例 **There weren't** any books on the desk yesterday.

訳 昨日、机の上には 1 冊の本もありませんでした。

　There be 構文の否定文は「～がいません・ありません」という意味を表します。また、**be not any ...** で「1 つの…もない」という「ゼロ」を表す表現になるので「1 冊の本もなかった」という意味になります。not any は no を使って言いかえることもできるため、この例文は There were no books on the desk yesterday. と表現することもできるということも、おさえておいてください。

There weren't any books on the desk yesterday.

be + not + any + 複数名詞
= 1 つの…もない
↳ no でも言いかえられるので
There were no books ～
でも 同じ 意味です。

Lesson 2 **be 動詞の過去形（否定文）ふりかえり問題**

①彼は幸せではありませんでした。→ ☐ ☐ ☐ .

②サナダさんは昨日は忙しくありませんでした。

　→ Mr. Sanada ☐ ☐ ☐ .

③テーブルの上には 1 冊のノートもありませんでした。

　→ ☐ ☐ ☐ notebooks ☐ ☐ ☐ .

解答 ● ① He wasn't happy. ② Mr. Sanada wasn't busy yesterday.
③ There weren't any **notebooks** on the table./ There were no **notebooks** on the table.

Lesson 3 be動詞の過去形（疑問文）

> **ここが大切！**
>
> She was a student. の主語（She）と be 動詞（was）の順序を入れかえて文末に？を置くと、Was she a student? となって「彼女は生徒でしたか？」という疑問文になります！

主語とbe動詞（過去形）を入れかえて文末に？を置くと疑問文になる

She was... . の文であれば Was she...? 、You were... . の文であれば Were you...? といったように、主語と be 動詞の順序を入れかえ、文末に？を置くことで、疑問文を作ることができます。

be動詞＋主語＋形容詞. の疑問文
- -

例 **Were** you happy then**?**

訳 あなたはそのとき幸せでしたか？（you = happy then ？）

You were happy. は「あなたは幸せでした」という意味の肯定文です。この文を「あなたは幸せでしたか？」という疑問文にする場合は、**主語の You と be 動詞の were の順序を入れかえ、文末に？を置きます**。現在形の be 動詞を使った疑問文の作りかたと同じです。

肯定文	英文の意味	疑問文	英文の意味
You were happy.	あなたは幸せでした。	Were you happy?	あなたは幸せでしたか？
He was busy.	彼は忙しかったです。	Was he busy?	彼は忙しかったですか？
Mr. Okada was tall.	オカダさんは背が高かったです。	Was Mr. Okada tall?	オカダさんは背が高かったですか？

be動詞＋主語＋名詞. の疑問文
- -

例 **Was** she a singer**?** – Yes, she was. / No, she wasn't.

訳 彼女は歌手でしたか？

　– はい、そうでした。/ いいえ、違いました。

be 動詞の過去形を使った疑問文への答えかたも、現在形と同様です。Yes で答える場合には Yes, ＋主語＋ be 動詞 . で応答し、No で答える場合には No, ＋主語＋ be 動詞＋ not. で応答します。

be動詞＋主語＋代名詞の所有格＋名詞. の疑問文

例 Was Mr. Naito your student?

　– Yes, he was. / No, he wasn't.

訳 ナイトウさんは、あなたの生徒でしたか？

　– はい、そうでした。／ いいえ、違いました。

ここでも Yes か No で応答します。**Mr. Naito は応答文では he（彼は）に変わっています。**

ひとことポイント

be動詞の過去形の疑問文の語順

be動詞を使った疑問文は、現在形でも過去形でも語順は同じになる

プラスアルファ解説 **There be 構文の疑問文**

例 Were there any books on the desk yesterday?

　– Yes, there were. / No, there weren't.

訳 昨日、机の上に本はありましたか？

　– はい、ありました。／ いいえ、ありませんでした。

　any には「どれでも」という意味があり、any books には「どんな本でもいいのだけれども何か」というニュアンスがあります。「（どんな本でもいいのだけれども、とにかく）机の上に何か本はあったの？」という意味の疑問文ですが、日本語にする場合には any はとくに訳さなくてもよいです。

　There be 構文の主語は、「There be」の次にくる名詞です。Were there any books...? であれば、主語は any books になります。any books が複数形で時制が過去なので、このときの be動詞は were を使います。

Lesson 3　**be 動詞の過去形（疑問文）ふりかえり問題**

①彼はそのとき幸せでしたか？ → ☐☐☐ then?

②サナダさんは昨日は忙しかったですか？ → ☐ Mr. Sanada ☐☐ ?

解答 ● ① Was he happy then? ② Was Mr. Sanada busy yesterday?

59

Lesson 1　未来を表す肯定文

> **ここが大切!**
>
> will か be going to を使って未来を表す表現を作ります!

willかbe going toで未来を表現する

　助動詞の will を使うと、「〜するつもりだ」という意志や、「〜するだろう」という推測を意味する未来を表す表現を作ることができます。また、be going to を使って未来を表すこともできますが、こちらは「すでにするつもりでいた」というニュアンスを含んでいます。

willの肯定文

例 I **will** play tennis tomorrow.

訳 私は明日テニスをするつもりです。

　助動詞の will は「〜するつもりだ」という意志や、「〜するだろう」という推測を表します。この例文は「現時点で明日テニスをするという意志がある」という意味です。**will は can と同じく助動詞なので、話し手の主観（個人的に考えていること）を表し、後ろには動詞の原形を置きます。**

be going toの肯定文

例 I **am going to** play tennis tomorrow.

訳 私は明日テニスをするつもりです。

　be going to でも、未来を表す表現を作ることができます。**will との違いは「すでにその動作に向けて主語は動きはじめている」というニュアンスを含んでいる**ということです。この例文からは「すでにカバンの中にテニスウェアやシューズなどを入れているなど、準備を進めている」状況がうかがえます。will と同じく、be going to の後ろには動詞の原形を置きます。

I am going to play tennis tomorrow.

be going to はすでに準備が進んでいる状況

下の表は、will と be going to を使った未来を表す表現の一覧です。どちらの表現も使えるよう、英文の組み立てかたを覚えておきましょう。

willを使った肯定文	be going toを使った肯定文	英文の意味
I will go to Fukuoka.	I am going to go to Fukuoka.	私は福岡に行くつもりです。
You will come to my house.	You are going to come to my house.	あなたは私の家に来るつもりですね。
He will meet my cousin.	He is going to meet my cousin.	彼は私のいとこに会うつもりです。
She will use that desk.	She is going to use that desk.	彼女はあの机を使うつもりです。

例 Mr. Watanabe **is going to** go to the park.

訳 ワタナベさんはその公園に行くつもりです。

be going to を使って未来を表す場合には、be 動詞は主語にあわせて is、am、are のいずれかを使います。 be going to は、あくまでも「現時点で」未来に何をするのかを考えたり、それに向けて「今」何かをしていたり、何が起こるのかを「今」推測したりすることを表す表現だからです。

ひとことポイント

未来を表す表現についてまとめておこう

①未来を表す表現は will や be going to ＋動詞の原形で表す

② will は「意志や推測」、be going to は「未来に向けて動きはじめていること」を表す

will と be going to の日本語訳は同じように見えますが、ニュアンスが違うので覚えておきましょう！

Lesson 1 未来を表す肯定文 ふりかえり問題 ---------------------------------

①私は野球をするつもりです。→ ☐ ☐ ☐ ☐ .

②彼はその本を読むつもりです。

→ ☐ ☐ ☐ ☐ ☐ ☐ ☐ .

③あなたはそのカバンを買うでしょう。

→ ☐ ☐ ☐ ☐ ☐ .

解答 ● ① I will play baseball. ② He is going to read the book. ③ You will buy the bag.

未来を表す否定文

> ここが大切！
>
> will not（won't）か be not going to を使って未来を表す表現の否定文を作ります！

will not（won't）かbe not going toを使って否定文を作る

　未来を表す表現の否定文（〜しないつもりです、〜しないでしょう）は、動詞の原形の前に will not（won't）を置いて作ります。be going to の否定文は、be 動詞の後ろに not を置き、to の後ろに動詞の原形を置いて作ります。

I [will not] look at the picture.

私はその絵を見ないつもりです。

He [isn't going to] live in Tokyo.

彼は東京には住まないつもりです。

will not（won't）＋動詞の原形や、be not going to ＋動詞の原形で「〜しないつもりです・〜しないでしょう」という否定の意味になります！

willの否定文

例 I **won't** play tennis tomorrow.

訳 私は明日テニスをしないつもりです。

　will を使った未来を表す表現の否定文は動詞の原形の前に will not、もしくは短縮形の won't を置いて作ります。

be going toの否定文

例 I **am not going to** play tennis tomorrow.

訳 私は明日テニスをしないつもりです。

　be going to を使った未来を表す表現の否定文は、be 動詞の後ろに not を置き、to の後ろに動詞の原形を置いて作ります。この例文は「明日はテニスをしないつもりなので、他の参加メンバーに行かないと伝えるために電話をかけようとしている」といったような状況で使います。すでに「やらない方向で」何らかのアクションを起こしている状態だと考えてください。

例 Mr. Watanabe **isn't going to** go to the park.

訳 ワタナベさんはその公園には行かないつもりです。

　be not going to の be の部分は、主語にあわせて is か am か are から選びますが、**否定文を作るときは isn't や aren't、I'm not のように短縮形を使って表しても OK です。**

ひとこと ポイント

未来を表す表現の否定文の作りかた

① will を使った未来を表す表現の否定文は、動詞の原形の前に will not(won't) を置いて作る

② be going to を使った未来を表す表現の否定文は、be 動詞の後ろに not を置き、to の後ろに動詞の原形を置いて作る

Part **9**

未来を表す表現

Lesson 2　未来を表す否定文 ふりかえり問題

①私は、明日は野球をしないつもりです。

→ I ☐ ☐ ☐ ☐ .

②彼はその本を読まないつもりです。

→ ☐ ☐ ☐ ☐ ☐ ☐ ☐ .

③コウタはアメリカには行かないつもりです。

→ Kota ☐ ☐ ☐ ☐ ☐ ☐ the U.S.

解答 ● ① I won't play baseball tomorrow. ② He is not going to read the book. ③ Kota is not going to go to the U.S.

> **ワンポイント** U.S.（アメリカ）には冠詞の the がつきます。U.S. は United States「連結させられた州」という意味です。the には「1つに決まる」というイメージがあるため、「たくさんの州がくっついて1つの国になった」と強調するためについているのです。the U.K.（United Kingdom）「イギリス」も同様です。

Part 9 　未来を表す表現

Lesson 3 　未来を表す疑問文

> ここが大切！
>
> 未来を表す表現 will の疑問文は主語の前に Will を置き、文末に？を置いて作ります！

willと？で文を挟んで疑問文にする

　未来を表す表現の疑問文（〜するつもりですか？、〜するでしょうか？）は、主語の前に Will を、文末に？を置いて作ります。動詞は常に原形を使います。

> will のような助動詞を含む疑問文は、助動詞と？で文を挟んで作ります。動詞は常に原形に！

willの疑問文

- -

例 **Will** you play tennis tomorrow**?**

　– Yes, I will. / No, I won't.

訳 あなたは明日テニスをするつもりですか？

　– はい、するつもりです。 / いいえ、しないつもりです。

　will を使った未来を表す表現の疑問文は、文を Will と？で挟んで作ります。 will を使っている文では**必ず動詞を原形にすること**を忘れないようにしましょう。また、Will you...? で質問された場合、「はい」であれば Yes, I [we] will. と応答し、「いいえ」であれば No, I [we] won't. と応答します。

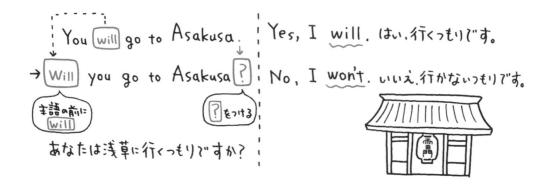

be going toの疑問文

例 Are you going to play tennis tomorrow?
– Yes, I am. / No, I'm not.

訳 あなたは明日テニスをするつもりですか？
– はい、するつもりです。/ いいえ、しないつもりです。

　be going to を使った未来を表す表現の疑問文の作りかたは、be 動詞の疑問文の作りかた（18ページ参照）と同じです。**主語と be 動詞の順序を入れかえて文末に？を置けば OK です。**

例 Is Mr. Watanabe going to go to the park?
– Yes, he is. / No, he isn't.

訳 ワタナベさんはその公園に行くつもりですか？
– はい、行くつもりです。/ いいえ、行かないつもりです。

　この例文では be going to の後ろに動詞の原形である go があります。**これは「go する状況」に going「向かっている」ということなので正しい表現です。**応答文も、be 動詞の疑問文への応答文と同じように Yes, ＋主語＋ be 動詞. か No, ＋主語＋ be 動詞＋ not. で作ります。

Part 9　未来を表す表現

> **ひとことポイント**
> **未来を表す表現の疑問文の作りかたと答えかた**
> ① will を使った疑問文は、文を Will と？で挟んで作る。動詞は原形にする
> ②「はい」なら Yes, ＋主語＋ will. で、
> 　「いいえ」なら No, ＋主語＋ won't. で応答する
> ③ be going to を使った疑問文と応答文は「be 動詞の疑問文と応答文」と同じように作る

Lesson 3　未来を表す疑問文 ふりかえり問題

①あなたは明日野球をするつもりですか？
→ ◻︎◻︎◻︎◻︎◻︎ ?

②彼はその本を読むつもりですか？
→ ◻︎◻︎◻︎◻︎◻︎◻︎◻︎ ?

解答 ● ① Will you play baseball tomorrow? ② Is he going to read the book?

Lesson 1　mustやmayを使った肯定文

> ここが大切！
>
> 助動詞の must は動詞の原形の前に置かれて「（その動作を）しなければならない」、may は動詞の原形の前に置かれて「〜してもよい」「〜するかもしれない」という意味を表します！

動詞の原形とセットで話し手の考えていることを表す

　can や will、must、may などの助動詞は、動詞の原形とセットで使い、話し手の考えていること（主観）を表します。

　助動詞の must は、動詞の原形とセットで「〜しなければならない」という意味を表します。must use であれば「使わなければならない」、must speak English であれば「英語を話さなければならない」という意味になります。may は、動詞の原形とセットで「〜してもよい」「〜するかもしれない」という意味になります。

mustを使った肯定文

例 I **must** study today.

訳 私は、今日は勉強をしなければなりません。

　must は助動詞で、「〜しなければならない」という「話し手の考えていること（主観）」を表します。この例文では実際にしなければならないのかどうかはともかく、話し手は「しなければならない」と思っている、ということを表しています。**must は現在形の文で使い、主語の人称や数で形が変わることはなく、must の後ろは動詞の原形になります。**

have toを使った肯定文

例 I **have to** study today.

訳 私は、今日は勉強をしなければなりません。

　must は have to（主語が 3 人称単数の現在形の文の場合は has to）で言いかえることができます。この場合、主観ではなく「その状況では必要だからする」というニュアンスを表します。

　また、**must には過去形がないので、「〜しなければならなかった」という意味を表したい場合には、have（has）to の過去形の had to を使います。**

may（許可）を使った肯定文

例 You **may** watch TV.

訳 あなたはテレビを見てもよいです。

　may には、この例文のように「〜してもよい」という「許可」を表す意味と、下の例文のように「〜するかもしれない」という「推量」を表す意味があります。

may（推量）を使った肯定文

例 It **may** rain this afternoon.

訳 今日の午後、雨が降るかもしれません。

　この may は「〜するかもしれない」という「推量」を表しています。might という may が変化した助動詞もあるのですが、こちらにも「〜かもしれない」という意味があります。

　may は50％程度の確率でそのことが起こるかもしれない、というイメージの助動詞ですが、**might はもう少し低く、30 〜 40％程度の確率でそのことが起こるかもしれないと話し手が考えている**と思っておいてください。

> **ひとこと
> ポイント** 　**助動詞 must や may の肯定文での使いかた**
> ①must は「〜しなければならない」、may は「〜してもよい」「〜するかもしれない」
> 　という意味の助動詞で、後ろに動詞の原形を置く
> ②must は have to もしくは has to に言いかえることができ（過去形では had to しか使えない）、may には（少し意味を弱めた形の）might という変化形がある

Lesson 1　**must や may を使った肯定文 ふりかえり問題**

①あなたはその本を読まなければなりません。

　→ ☐ ☐ ☐ ☐ ☐ .

②カーメラさんは英語を教えるかもしれません。

　→ Ms. Carmella ☐ ☐ ☐ .

③ヤマシタさんはそのノートパソコンを使ってもよいです。

　→ Mr. Yamashita ☐ ☐ the laptop.

解答 ● ① You must read the book. ② Ms. Carmella may (might) teach English. ③ Mr. Yamashita may use the laptop.

mustやmayを使った否定文

> ここが大切！
>
> 助動詞の must を使った否定文は must not（mustn't）を動詞の原形の前に置いて作ります。may を使った否定文も同様に may not を動詞の原形の前に置いて作ります。may not の短縮形はありません！

must not（mustn't）/ may not ＋ 動詞の原形を使って否定文を作る

　助動詞 must を使った否定文（〜してはなりません）は、動詞の原形の前に must not、もしくは mustn't（must not の短縮形で〈マスントゥ〉のように発音します）を置いて作ります。

　同様に may を使った否定文（〜してはなりません）も、動詞の原形の前に may not を置いて作ります。

must not（mustn't）は「〜してはならない」という
「強い禁止」を表します。may not も禁止を表す表現です。

mustを使った否定文

㊁ You <u>mustn't</u> eat this cake.

㊚ あなたはこのケーキを食べてはなりません。

　助動詞 must を使った否定文は、**動詞の原形の前に must not や mustn't を置いて作ります**。must not は「強い禁止」を表します。また、You must not（mustn't）で始まる文は、Don't.... という命令文（22ページ参照）で言いかえることもできます。

have toを使った否定文（現在形）

㊁ You <u>don't have to</u> study today.

㊚ あなたは今日は勉強をする必要はありません。

　must の言いかえの have to を使った否定文は、「〜する必要はない、〜しなくてもよい」という「不必要」を表します。**must not の持つ「強い禁止」とはだいぶニュアンスが異なるので注意が必要です。**

have toを使った否定文（過去形）

例 You **didn't have to** study yesterday.

訳 あなたは、昨日は勉強をする必要はありませんでした。

　must には過去形がないので、過去形の**肯定文では had to を、否定文では didn't have to を使って表現します**。have to の have は一般動詞なので、過去形の否定文を作るときは have to の前に did not（didn't）を置きます。

　had to は「〜しなければならなかった」、didn't have to は「〜する必要はなかった、しなくてもよかった」という意味です。**must not を使わないので「禁止」ではなく「不必要」を表し、少しマイルドな表現になります**。

mayを使った否定文

例 You **may not** watch TV.

訳 あなたはテレビを見てはなりません。（あなたはテレビを見ないかもしれません。）

　「許可」を表す may を使った may not は、must not ほど強くはありませんが、「**〜してはならない**」という「**不許可**」を表します。「推量」を表す may を使った may not は「**〜ないかもしれない**」を表します。

ひとことポイント
助動詞の must や may を使った否定文の作りかたと don't（doesn't）have to

①助動詞の must や may を使った否定文は、動詞の原形の前に must not（mustn't）、may not を置いて作る

② must not（mustn't）は「〜してはならない」という「強い禁止」を表し、may not はそれより少し弱めの「〜してはならない」という「不許可」を表す

③ don't（doesn't）have to は「〜する必要はない、〜しなくてもよい」という「不必要」を表す

Lesson 2　**must や may を使った否定文 ふりかえり問題**

①あなたはその本を読んではなりません。

→ ☐ ☐ ☐ ☐ ☐ ☐ .

②カーメラさんは英語を教える必要はありません。

→ Ms. Carmella ☐ ☐ ☐ ☐ ☐ .

解答 ● ① You must（may）not read the book. ② Ms. Carmella doesn't have to teach English.

mustやmayを使った疑問文

> ここが大切！
>
> 助動詞の must や may を使った疑問文は、主語の前に Must や May を置き、文末に？を置いて作ります。このときも動詞は原形です！

MustやMayと？ で文を挟んで疑問文にする

　助動詞の must や may の疑問文は、助動詞の can を使った疑問文（40ページ参照）と同じように作ります。主語の前に Must や May を、文末に？を置き、動詞は常に原形を使います。

mustを使った疑問文

例　**Must** you study English today**?**
　– Yes, I must. / No, I don't have to.

訳　あなたは、今日は英語を勉強しなければなりませんか？
　– はい、しなければなりません。／いいえ、する必要はありません。

　「～しなければなりませんか？」という意味の**助動詞 must の疑問文は、文を Must と？で挟んで作ります。**must を使っている文では必ず動詞を原形にしてください。

　Must you...? と質問された場合、「はい」であればYes, I [we] must. と応答し、「いいえ」であれば No, I [we] don't have to. と応答します。

　今までの助動詞の疑問文のパターンで考えると、「いいえ」であれば No, I [we] mustn't. になりそうですが、must not（mustn't）は「～してはならない」という「強い禁止」を表すので「～しなければなりませんか？」に対する否定の応答としては不適切なのです。そのため、**否定の応答は don't have to を使って「～する必要はない」**とすればいいのです。

mayを使った疑問文

例　**May** I watch TV now**?**

訳　今テレビを見てもよいですか？

　May I...? は「～してもよいですか？」という許可を求める表現です。この疑問文への応答は、少しコツがいるので解説していきます。

70

Yesのときの答えかた

例 Yes, of course. / Sure.

訳 はい、もちろんです。/ もちろん。

Noのときの答えかた

例 I'm afraid you can't. / I'm sorry, you can't.

訳 申し訳ありませんが、だめです。

　May I...? と聞かれたときの応答は、**Yes, you may. や No, you may not. だときつい印象を与えてしまうため、上記のようなマイルドな表現で応答する**のがふつうです。

will + have toを使った疑問文

例 Will you have to study English tomorrow?

訳 あなたは明日、英語の勉強をする必要はありますか？

　未来の義務を表す場合、must は使えません。助動詞は 1 つの文に 2 つ以上入れられないからです。そこで、will have to を使います。**will have to は「（未来に）〜する必要がある」ということを表し、**will は助動詞なので疑問文を作るときは主語（例文では you）の前に置きます。この例文には Yes, I will. か No, I won't. で応答します。

> **ひとこと
> ポイント**
>
> ### 助動詞の must や may を使った疑問文の作りかたと答えかた
> ①助動詞の must や may を使った疑問文は、文を助動詞と？で挟む。動詞は原形にする
> ② must や may を使った疑問文への応答は他の助動詞のものとは違うパターンになる

must を使った疑問文への否定の応答は don't have to を使います。
may を使った疑問文への応答はいくつか種類があるので覚えましょう！

Lesson 3　**must や may を使った疑問文 ふりかえり問題**

①あなたはその本を読まなければなりませんか？

→ ☐ ☐ ☐ ☐ ☐ ?

②カーメラさんは英語を教えてもよいのですか？

→ ☐ Ms. Carmella ☐ ☐ ?

解答 ● ① Must you read the book? ② May Ms. Carmella teach English?

Part 11　比較

原級の比較

> ここが大切！
>
> 原級の比較は as ＋形容詞もしくは副詞＋ as 〜を使って表し、「〜と同じく
> らい…だ」という意味になります！

「〜と同じくらい…だ」はas＋形容詞もしくは副詞＋as 〜を使って表す

　このPartでは、人や物を比べるときの「比較」について、さまざまな表現を説明してい
きます。比較の表現の中でも、「何かと何かが同じくらい〜だ」を表すものを「原級の比較」
と呼び、as ＋形容詞もしくは副詞＋ as 〜を使って表します。

形容詞を使った比較（原級）の肯定文

例　Hiroshi is **as tall as** Tetsuya.

訳　ヒロシはテツヤと同じくらいの背の高さです。

　元の英文は Hiroshi is tall.「ヒロシは背が高い」です。tall「背が高い」は形容詞で、こ
の部分を **as ＋形容詞＋ as ＋比較の対象**の語順にすると「〜と同じくらい…（形容詞）だ」
という意味になります。

副詞を使った比較（原級）の肯定文

例　Hiroshi runs **as fast as** Tetsuya.

訳　ヒロシはテツヤと同じくらい速く走ります。

　元の英文は Hiroshi runs fast.「ヒロシは速く走る」です。fast「速く」は副詞で、この
部分を **as ＋副詞＋ as ＋比較の対象**の語順にすると「〜と同じくらい…（副詞）に―する」
という意味になります。

as＋形容詞＋名詞＋asを使った比較（原級）の肯定文

例　You have as many pens as Rin.

訳　あなたはリンと同じくらいたくさんのペンを持っています。

　as ＋形容詞＋名詞＋ as ＋比較の対象という形を使っても、原級の比較の英文を作るこ
とができます。

比較（原級）の否定文

例 **Hiroshi isn't as tall as Tetsuya.**

訳 ヒロシはテツヤほど背が高くはありません。

例 **Hiroshi doesn't run as fast as Tetsuya.**

訳 ヒロシはテツヤほど速くは走りません。

比較の原級の否定文は「〜ほど…ではない」という意味になります。not は後ろに続く内容を否定する単語なので、not as tall as Tetsuya は「テツヤと同じくらい背が高いわけではない」→「テツヤほど背が高くはない」という意味になります。同様に not run as fast as Tetsuya も「テツヤと同じくらい速く走るわけではない」→「テツヤほど速くは走らない」という意味になるのです。

ヒロシ　テツヤ

Hiroshi is [not] as tall as Tetsuya.
ヒロシはテツヤほど背が高くはありません。

ひとことポイント

原級の比較についてまとめておこう

① **as** ＋形容詞もしくは副詞＋ **as** ＋比較の対象で、「〜と同じくらい…だ」という意味になる

② **as** ＋形容詞＋名詞＋ **as** ＋比較の対象という形を使って、原級の比較の英文を作ることができる

③原級の比較の否定文は「〜ほど…なわけではない」、つまり「〜ほど…ではない」という意味になる

Lesson 1　原級の比較 ふりかえり問題

①カエデはアオイと同じくらい美しい（beautiful）です。

→ Kaede ☐ ☐ ☐ ☐ Aoi.

②ハルトはソウタと同じくらい速く泳げます。

→ Haruto can ☐ ☐ ☐ ☐ Sota.

③ユイはメイほど忙しくはありませんでした。

→ Yui ☐ ☐ ☐ ☐ Mei.

解答 ● ① Kaede is as beautiful as Aoi. ② Haruto can swim as fast as Sota. ③ Yui wasn't as busy as Mei.

Part **11**

比較

比較級の比較

> ここが大切！
>
> 比較級の比較は形容詞または副詞＋er（もしくはmore＋形容詞または副詞）＋than〜を使って表し、「〜よりも…だ」という意味になります！

「AがBよりも〜だ」という比較では比較級を使う

「AがBよりも〜だ」という意味の比較では、「比較級」と呼ばれる形の単語・語句を使います。比較級は、形容詞または副詞の語尾にerをつける、もしくは前にmoreを置いて作ります。

erがついた形容詞または副詞を使った比較（比較級）の肯定文

例 Mr. Okada is <u>taller than</u> Mr. Shibata.

訳 オカダさんはシバタさんよりも背が高いです。

元の英文はMr. Okada is tall.「オカダさんは背が高い」です。**形容詞tallの語尾にerをつけて、後ろにthan＋比較の対象を並べると「〜よりも背が高い」という意味になります。**

more＋形容詞または副詞を使った比較（比較級）の肯定文

例 His car is <u>more expensive than</u> mine.

訳 彼の車は私の車よりも値段が高いです。

expensive「値段が高い」のように、**比較的つづりが長めの形容詞・副詞は、前にmoreを置いて比較級を作ります。**

「AとBではどちらがより〜ですか？」とたずねたいときは、Whichを疑問文の最初に置いて、Which is more popular, tennis or basketball?「テニスとバスケットボールではどちらのほうが人気ですか？」のように表します。比較級の文の後ろはカンマで区切り、比較したい対象をorでつなげましょう。

不規則変化をする形容詞・副詞を使った比較（比較級）の肯定文

例 I like coffee <u>better than</u> tea.

訳 私は紅茶よりもコーヒーのほうが好きです。

betterは形容詞のgood「よい」や副詞のwell、very much「とても」「上手に」の比較

級で「よりよい」「より上手に」「より」という意味を持つ比較級の単語です。このように、形容詞・副詞が不規則変化をしてできる比較級には、他に many・much「たくさんの」の比較級である more「よりたくさんの」などがあります。一覧で覚えておきましょう。

元の単語（原級）	比較級	作りかた
small	smaller	語尾にerをつける
nice	nicer	eで終わる単語は語尾にrをつける
happy	happier	子音字＋yで終わる単語はyをiに変えてerをつける
hot	hotter	短母音＋子音字で終わる単語は子音字を重ねてerをつける
beautiful	more beautiful	比較的長めの単語は前にmoreを置く
good・well	better	不規則変化
many・much	more	不規則変化
little「少ない」	less「より少ない」	不規則変化

＊子音は母音（ア・イ・ウ・エ・オ）以外の音のことです。
＊短母音は hot「ホット」の発音に含まれる「(オ)ッ」のように「短い音」になっている母音のことです。

ひとこと ポイント

比較級の比較についてまとめておこう

①形容詞または副詞の語尾に er ＋ than ＋比較の対象で「〜よりも…だ」という意味になる
②形容詞または副詞のつづりが比較的長めの場合には、more ＋原級＋ than ＋比較の対象で「〜よりも…だ」という意味になる
③比較級の作りかたにはいくつかのパターンがある

Lesson 2　**比較級の比較 ふりかえり問題** -------------------------------

①この本はあの本よりも高い（expensive）です。

→ This book is ☐ ☐ ☐ that one.

＊文末の one は book のことを指しています。

②タグチさんはあなたよりも上手に歌を歌います。

→ Mr. Taguchi ☐ ☐ ☐ you.

解答 ● ① This book is more expensive than that one. ② Mr. Taguchi sings better than you.

Lesson 3 最上級の比較

> **ここが大切！**
> 最上級の比較は the ＋形容詞または副詞＋ est（もしくは most ＋形容詞または副詞）（＋ in・of ～）で表し、「（～の中で）一番…だ」という意味になります！

the＋...estかmost ... ＋in・of ～で「～の中で一番…だ」を表す

　比較には、もう１つ「最上級の比較」という種類があります。最上級の比較は「何かが（何かの範囲などの中で）一番…だ」ということを表し、the ＋形容詞または副詞＋ est（もしくは most ＋形容詞または副詞）（＋ in・of ～）を使って表します。

the＋...estを使った比較（最上級）の肯定文

例 Hiroshi is **the strongest** of the four.

訳 ヒロシは４人の中で一番強いです。

　元の英文は Hiroshi is strong.「ヒロシは強い」です。形容詞 strong の語尾に est をつけ、その前に the を、後ろに of ＋複数名詞（この場合の the four は〈ある特定の４人〉を指します）を置くことによって「～の中で一番強い」という意味になります。of の後ろには、「主語と同じ仲間や種類」を表すものがきます。

the＋most＋原級を使った比較（最上級）の肯定文

例 This is **the most famous** shop in this area.

訳 こちらはこの地域で一番有名なお店です。

　famous「有名だ」のように、比較的つづりが長めの形容詞・副詞は、前に the most を置いて最上級を作ります。また「どこの範囲で一番なのか」を表すときには、in を使います。

不規則変化をする形容詞・副詞を使った比較（最上級）の肯定文

例 He is **the best** singer in Japan.

訳 彼は日本で一番上手な歌手です。

　best は形容詞の good「よい」や副詞の well「上手に」、very much「とても」の最上級で「一番よい」「一番上手に」「最も」という意味を持つ最上級の単語です。

最上級を作るときの形容詞や副詞の変化のルールを覚えておきましょう。

元の単語（原級）	最上級	作りかた
small	smallest	語尾にestをつける
nice	nicest	eで終わる単語は語尾にstをつける
happy	happiest	子音字＋yで終わる単語はyをiに変えてestをつける
hot	hottest	短母音＋子音字で終わる単語は子音字を重ねてestをつける
beautiful	most beautiful	比較的長めの単語は前にmostを置く
good・well・very much	best	不規則変化
many・much	most	不規則変化
little「少ない」	least「最も少ない」	不規則変化

153ページに一覧表があるので、
元の単語・比較級・最上級をセットにして、
small - smaller - smallest のように覚えましょう！

ひとことポイント　最上級の比較についてまとめておこう

① the ＋形容詞または副詞の語尾に est（＋ in・of 〜）で「（〜の中で）一番…だ」という意味になる

②形容詞または副詞のつづりが比較的長めの場合には、the most ＋原級（＋ in・of 〜）で「（〜の中で）一番…だ」という意味になる

③最上級の作りかたにはいくつかのパターンがある

Lesson 3　最上級の比較 ふりかえり問題 --

①この本は3冊の中で一番高いです。

→ This book is ☐ ☐ ☐ ☐ the three.

②タグチさんはこのチームの中で一番上手に歌を歌います。

→ Mr. Taguchi ☐ ☐ ☐ ☐ this team.

解答 ● ① This book is the most expensive of the three. ② Mr. Taguchi sings the best in this team.

[ワンポイント　the best を使うとき、the が省略できる場合があります。このときの best は副詞 well「上手に」、very much「とても」の最上級になります。「副詞の最上級につく the は省略できる」と覚えておきましょう。]

Part 12　to 不定詞

Lesson 1　to 不定詞の名詞的用法

> **ここが大切！**
>
> to ＋動詞の原形でできているカタマリを to 不定詞と呼びます。to 不定詞は「名詞のカタマリ」として「足りない情報を後から補足する」ときに使います！

to 不定詞は主語にも目的語にも補語にもなる

to 不定詞は to ＋動詞の原形のことで、英文の中では主語や目的語、補語になります。to play「すること・演奏すること」や to use「使うこと」、to study「勉強すること」などが to 不定詞で、「〜すること」という意味になると覚えておきましょう。

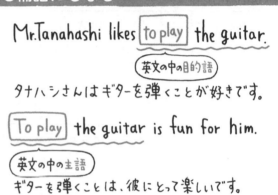

Mr.Tanahashi likes to play the guitar.
英文の中の目的語
タナハシさんはギターを弾くことが好きです。

To play the guitar is fun for him.
英文の中の主語
ギターを弾くことは、彼にとって楽しいです。

to 不定詞が動詞の目的語になっている文

例 Mr. Naito likes to play baseball.

訳 ナイトウさんは野球をすることが好きです。

　to play は「すること」という意味の to 不定詞ですが、**to play baseball だと「野球をすること」という意味の名詞のカタマリになります**。これが to 不定詞の名詞的用法です。この部分は likes の目的語となっています。

to 不定詞が主語の補語になっている文

例 Ms. Endo's plan is to go to the park tomorrow.

訳 エンドウさんの計画は、明日その公園に行くことです。

　to 不定詞を含む to go to the park tomorrow は「明日その公園に行くこと」という意味で、**主語である Ms. Endo's plan と be 動詞の is を挟んで「＝」（イコール）の関係になります**。つまり、to go to the park tomorrow が Ms. Endo's plan（主語）の補語になっているのです。なお、人や物＋'s で「〜の」という所有を表すので、Endo's は「エンドウさんの」という意味になります。

to 不定詞が主語のitの内容を表している文

例 It is difficult <u>to answer the question</u>.

訳 その問題を解くことは難しいです。

　まず前半で It is difficult「それは難しい」と述べ、次に「何が難しいかというと、to answer the question〈その問題を解くこと〉が難しい」という情報を、to 不定詞で補足しています。**この文では to answer the question が It の内容を表しています。**

to 不定詞が動詞の目的語のitの内容を表している文

例 I found it difficult <u>to answer the question</u>.

訳 私はその問題を解くことが難しいとわかりました。

　found は find の過去形で、I found it difficult は「私はそれが難しいとわかった」という意味です（find A B の語順で「A が B だとわかる」という意味になります）。
　次に「何が難しいかというと、to answer the question〈その問題を解くこと〉が難しい」という情報を、to 不定詞で補足しています。**この文では to answer the question が it の内容を表しています。**

ひとこと ポイント

to 不定詞の名詞的用法についてまとめておこう

① to 不定詞は to ＋動詞の原形の形であり、「〜すること」という意味になる

② to 不定詞は文の中で主語や目的語、補語になる

Lesson 1　**to 不定詞の名詞的用法 ふりかえり問題** ---------------------

①私はサッカーをするのが好きです。→ I ⬚ ⬚ ⬚ soccer.

②彼女にとって山に登る（climb）ことは楽しいです。

　→ ⬚ is fun for her ⬚ ⬚ mountains.

③タナハシさんはその本を読むのが簡単だ（easy）とわかりました。

　→ Mr. Tanahashi ⬚ ⬚ ⬚ ⬚ ⬚ the book.

解答 ● ① I like to play soccer. ② It is fun for her to climb mountains. ③ Mr. Tanahashi found it easy to read the book.

> **ワンポイント** 名詞的用法の to 不定詞は、動名詞（動詞の ing 形）に置きかえられる場合があります。I like to play soccer. であれば、I like playing soccer. と書きかえられます。詳しくは144ページを参照してください。

Part 12　to 不定詞

Lesson 2　to 不定詞の形容詞的用法

> ここが大切！
> to 不定詞は名詞を修飾する「形容詞のカタマリ」にもなります！

名詞の後ろのto不定詞は直前の名詞を修飾する

　to 不定詞は、a question to ask you のように、名詞（a question）の後ろに置いて「どのような質問かというと、to ask you〈あなたにたずねるための・たずねるべき〉質問ですよ」と説明を加えるパターンで使うこともできます。

　名詞を修飾（説明）するのは形容詞なので、この to 不定詞の使いかたを to 不定詞の形容詞的用法と呼びます。意味は「〜するための」「〜するべき」となりますが、文脈に合わせてわかりやすい日本語に訳すとよいでしょう。

　名詞の後ろに to 不定詞がきたら、「その名詞がどんなものなのかを補足して説明している」と考えてください！

名詞を後ろからto不定詞で説明している文

例 Alicia has a lot of homework to do.

訳 アリシアにはやるべき宿題がたくさんあります。

　a lot of は「たくさんの」、homework は「宿題」という意味です。この a lot of homework「たくさんの宿題」という名詞のカタマリを、「どんな宿題かというと、to do〈やるべき〉たくさんの宿題です」と to 不定詞が情報を補足して説明しています。直訳は「アリシアはやるべきたくさんの宿題を持っている」となりますが、「アリシアにはやるべき宿題がたくさんある」のようにわかりやすい日本語に訳せばよいでしょう。

例 Ms. Banks has no time to see you today.

訳 バンクスさんは、今日はあなたに会う時間がありません。

　has no time は「ない時間を持っている」、つまり「時間がない」という意味の表現です。no time という名詞のカタマリを、「何をするための時間がないのかというと、to see you〈あなたに会うための〉時間がないのです」と to 不定詞が情報を補足して説明しています。

例 She was the first woman <u>to become Governor of Tokyo</u>.

訳 彼女は都知事になった最初の女性でした。

　She was the first woman は「彼女は最初の女性だった」という意味です。the first woman という名詞のカタマリを、「何において最初の女性だったのかというと、**to become Governor of Tokyo〈都知事になった〉最初の女性でした」と to 不定詞が情報を補足して説明しています**。

something＋to不定詞のある文

例 Mr. Nakamura had something <u>to tell you</u>.

訳 ナカムラさんにはあなたに何か話すべきことがありました。

　had something は「何かを持っていた」という意味で、something は名詞です。これを、**「どんな何かだったのかというと、to tell you〈あなたに話すべき〉何かでした」と、to 不定詞を使って補足して説明しています**。直訳すると「ナカムラさんはあなたに話すべき何かを持っていた」となりますが、要は「ナカムラさんにはあなたに何か話すべきことがあった」という意味になります。文の内容によって、something 以外にも anything や nothing が使われることもあります。

> **ひとこと ポイント**
>
> ### to 不定詞の形容詞的用法についてまとめておこう
> 形容詞的用法の to 不定詞は「～するための」「～するべき」という意味で、名詞の直後に置いてその名詞を修飾し、「足りない情報を補足して説明する」役割を果たす

Lesson 2　to 不定詞の形容詞的用法 ふりかえり問題

①私にはあなたに聞きたいことがたくさんあります。

　→ ☐ ☐ a lot of questions ☐ ☐ you.

②私は今は何も食べ物を持っていません。

　→ ☐ ☐ nothing ☐ ☐ now.

③私には今日あなたと話をする時間がありませんでした。

　→ I had no ☐ ☐ ☐ with you today.

解答 ● ① I have a lot of questions to ask you. ② I have nothing to eat now. ③ I had no time to talk with you today.

[**ワンポイント**　see は「見て認識する」という意味で使われます。80ページの下の例文のように、see に「会う」や「理解する」という意味があるのは、そのためです。]

to不定詞の副詞的用法

> [ここが大切！]
> to 不定詞は名詞以外の語句や文を修飾する「副詞のカタマリ」にもなります！

to不定詞は名詞以外の語句や文も修飾する

　Mr. Okada works hard to buy a new car. は「オカダさんは新しい車を買うために一生懸命働いている」という意味の英文です。この文は前半の Mr. Okada works hard だけで、「オカダさんは一生懸命働いている」という完成された文です。

　この文に「なぜ一生懸命働いているのか」という情報を追加するために to 不定詞を使っています。ここでは「to buy a new car〈新しい車を買うために〉働いているのです」という内容が補足されています。

to 不定詞は名詞以外の語句や文も
修飾することができます！

文を後ろからto不定詞で説明している文

例 Alicia goes to the park to play tennis.

訳 アリシアはテニスをするために公園に行きます。

　前半の Alicia goes to the park だけで、「アリシアは公園に行く」という英文が完成しています。この英文に対し、「なぜ公園に行くかというと、to play tennis〈テニスをするために〉行くのです」というように、行動の目的を to 不定詞が補足して説明しています。つまり、to play tennis が Alicia goes to the park の説明をしているのです。

例 Ms. Banks grew up to be a famous actress.

訳 バンクスさんは成長して有名な女優になりました。

　前半の Ms. Banks grew up は「バンクスさんは成長した」という意味です。この英文に対し、「成長して（結果）どうなったかというと、to be a famous actress〈有名な女優になった〉のです」という情報を to 不定詞が補足しています。grew は grow の過去形で、grow up で「成長する」、famous は形容詞で「有名な」、actress は名詞で「女優」という意味です。to be の be には「～になる」という意味があります。

例 Mr. Nakamura was happy to hear the news.

訳 ナカムラさんはその知らせを聞いて幸せでした。

　　Mr. Nakamura was happy は「ナカムラさんは幸せだった」という意味です。この英文に対し、「**なぜ幸せだったかというと、to hear the news〈その知らせを聞いて〉幸せな気分になったのです**」という情報を to 不定詞が補足しています。下の表にあるような、感情を表すときによく使われる to 不定詞を覚えておくと便利です。

感情＋to不定詞	語句の意味	感情＋to不定詞	語句の意味
be glad [happy] to do	～してうれしい	be sorry to do	～して残念だ
be sad to do	～して悲しい	be surprised to do	～して驚く

例 Mr. Taguchi was careless to lose his wallet.

訳 財布をなくすなんて、タグチさんは不注意でした。

　　Mr. Taguchi was careless は「タグチさんは不注意だった」という意味です。この英文に対し、「**なぜ彼は不注意だったと言われてしまうのかというと、to lose his wallet〈彼の財布をなくした〉からです**」という情報を to 不定詞が補足しています。careless は「不注意だ」という意味の形容詞、lose は「なくす」という意味の動詞、wallet は「財布」という意味の名詞です。

> **ひとこと ポイント**
>
> **to 不定詞の副詞的用法についてまとめておこう**
> 副詞的用法の to 不定詞は「～するために」「～して」のような意味になり、名詞以外の語句や文に対して「足りない情報を補足して説明する」役割を果たす

Part 12 to 不定詞

Lesson 3 **to 不定詞の副詞的用法 ふりかえり問題** ---------------------

①クシダさんはスーパーにコーヒーを買いに行きました。

→ Mr. Kushida ☐ ☐ the supermarket ☐ ☐ some coffee.

②私は彼女からEメールを受け取って（receive）とてもうれしかったです。

→ ☐ ☐ very glad ☐ ☐ an e-mail from her.

③私はその知らせを聞いてとても驚きました。

→ I ☐ very surprised ☐ ☐ the news.

解答 ● ① Mr. Kushida went to the supermarket to buy some coffee. ② I was very glad to receive an e-mail from her. ③ I was very surprised to hear the news.

83

Lesson 1
過去進行形の肯定文

> ここが大切！
>
> 過去進行形は「過去のある時点で行っていたこと」を表します！

be動詞の過去形＋動詞のing形で表す

　過去進行形は、was もしくは were ＋動詞の ing 形＋α．を使って表します。これは、過去のある時点で行っていた動作を表し「（そのとき）～していました」という意味になります。

過去進行形の肯定文の作りかた

例 I **was playing** tennis then.

訳 私はそのときテニスをしていました。

　「（過去のある時点で）～していた」ということを表すには、**be 動詞の過去形である was もしくは were ＋動詞の ing 形＋α．を使います**。これを過去進行形と呼びます。例えば、I was playing tennis then. は、「そのとき（＝過去のある時点）、その瞬間にテニスをしていた」ということを表す表現です。

　過去進行形では、過去形の be 動詞を使うため、was か were のいずれかを主語にあわせて使うことになります。また、then「そのとき」や、at that time「そのとき」のような、「過去のある時点」を表す表現を一緒に使うことがあります。

　過去進行形の文がどのような意味になるか、下の一覧表で確認しましょう。

過去進行形の肯定文	英文の意味
You **were going** to school then.	あなたはそのとき学校に向かっていました。
He **was coming** to my house at that time.	彼はそのとき私の家に来るところでした。
She **was using** the pen.	彼女はそのペンを使っていました。
Mr. Nagata **was teaching** English.	ナガタさんは英語を教えていました。

過去進行形の肯定文＋whenの節

例 Ms. Fox **was listening** to the radio **when** I called her.

訳 私が電話をしたとき、フォックスさんはラジオを聞いていました。

　when は「〜するとき」という意味の接続詞です。**接続詞は主語＋動詞＋αのカタマリ（＝節と呼びます）をつなげる役割を果たします**。この例文では Ms. Fox was listening to the radio. という文（＝節）と I called her. という文（＝節）を when がつないでいます。when はその後に続く文にかかるので、when I called her は「私が彼女に電話をしたとき」という意味になります。

　when を使って 2 つの節をつないでいる文は、when が先頭にある節を先に訳し、「〜する（した）とき…していた」とするとよいでしょう。

過去進行形の肯定文を過去形にするには

例 You **were using** the camera.

訳 あなたはそのカメラを使っていました。

　この過去進行形の文を「あなたはそのカメラを使いました」という過去形の文にするときは、**be動詞を外して ing 形の動詞を過去形にします**。

　were using を過去形の used にし、You used the camera. にします。過去形の動詞の形は主語の人称などに左右されないので、常に 1 つの形に決まります。

ひとことポイント

過去進行形についてまとめておこう

①過去進行形は「（過去のある時点で）〜していた」ということを表す

②過去進行形は be動詞の was もしくは were ＋動詞の ing 形＋α . で作る

Part
13
過去進行形

Lesson 1　**過去進行形の肯定文 ふりかえり問題**

①私はそのとき野球をしていました。→ ☐ ☐ ☐ ☐ then .

②カーメラさんは数学を教えていました。

　→ Ms. Carmella ☐ ☐ math.

解答 ● ① I was playing baseball then. ② Ms. Carmella was teaching math.

Lesson 2　過去進行形の否定文

> **ここが大切！**
> 過去進行形の否定文は主語＋was もしくは were ＋ not ＋動詞の ing 形＋α.
> の順序で作ります！

be動詞の過去形＋not＋動詞のing形で否定文を作る

　過去進行形の否定文（～しているところではありませんでした）は、be動詞の過去形 was もしくは were ＋ not ＋動詞の ing 形を使って作ります。

過去進行形の否定文の作りかた

例 I **was not playing** soccer then.

訳 私はそのときサッカーをしているところではありませんでした。

　過去進行形の否定文は **was もしくは were ＋ not ＋動詞の ing 形＋α.** を使って作られ、「過去のある時点でそのようなことはやっていなかった」ということを表します。

　この例文は I wasn't playing soccer then. のように短縮形を使って表すこともできますし、主語が You であれば You were not(weren't) playing soccer then. のように、主語が He であれば He wasn't(was not) playing soccer then. のように表すこともできます。

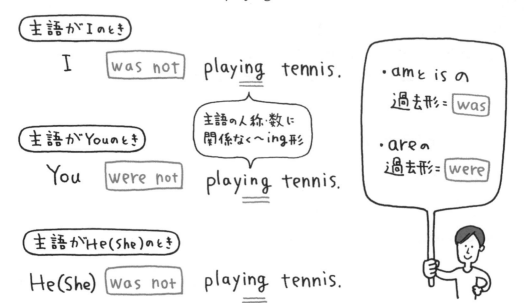

例 Ms. Fox **wasn't listening** to the radio at that time.

訳 フォックスさんはそのときラジオを聞いているところではありませんでした。

　過去進行形の文は **be 動詞を使う文なので、否定文を作るときは was もしくは were ＋ not を使います**。be 動詞を使う文は、肯定文、否定文、そして疑問文のいずれを作る場合も、文の構成要素を並べるパターンは同じです。

過去進行形の否定文＋whenの節

例 You **weren't playing** the violin **when** I called you.

訳 私が電話をしたとき、あなたはバイオリンを弾いているところではありませんでした。

　過去進行形の否定文に接続詞 when の節を続けると、「～したとき…していなかった」という意味になります。

　この過去進行形の文の前半を「あなたはバイオリンを弾かなかった」という**過去形の文にするときは、be 動詞を外して代わりに did not(didn't) を置き、後ろに動詞の原形を続ければ OK です**。つまり、You didn't play the violin となります。過去形の文の後ろに when を使った節を続けるときは、動詞を過去形にすることに注意しましょう。

ひとこと ポイント

過去進行形の否定文についてまとめておこう

①過去進行形の否定文は「～しているところではありませんでした」という意味を表す

②過去進行形の否定文は was もしくは were ＋ not ＋動詞の ing 形＋α. を使って作る

Lesson 2　**過去進行形の否定文 ふりかえり問題**

①私はそのとき野球をしているところではありませんでした。

→ ☐ ☐ ☐ ☐ then.

②カーメラさんは理科を教えているところではありませんでした。

→ Ms. Carmella ☐ ☐ science.

解答 ● ① I wasn't playing baseball then. ② Ms. Carmella wasn't teaching science.

過去進行形の疑問文

> ここが大切！
>
> 過去進行形の疑問文は Was もしくは Were ＋主語＋動詞の ing 形＋α？の順序で作ります！

be動詞の過去形 ＋ 主語 ＋ 動詞のing形で疑問文を作る

過去進行形の疑問文（〜しているところでしたか？）は、be 動詞の過去形 Was もしくは Were ＋主語＋動詞の ing 形＋α？ の順序で作ります。

過去進行形の疑問文の作りかた

例 **Were** you **playing** basketball then**?**
　 – Yes, I was. / No, I wasn't.

訳 あなたはそのときバスケットボールをしているところでしたか？
　 – はい、そうでした。／ いいえ、違いました。

過去進行形の疑問文は Was もしくは Were ＋主語＋動詞の ing 形＋α？で表し、「（過去のある時点で）〜しているところでしたか？」という意味になります。

過去進行形は be 動詞を必ず使うので、疑問文の作りかたは be 動詞の疑問文の作りかた（18ページ参照）と同じです。

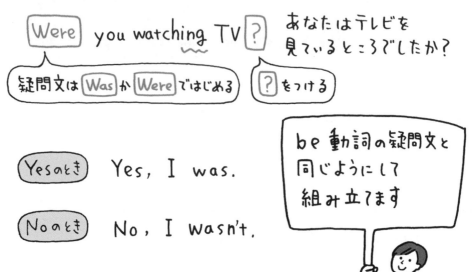

例 Was Ms. Fox listening to the radio?
– Yes, she was. / No, she wasn't.

訳 フォックスさんはラジオを聞いているところでしたか？
– はい、そうでした。/ いいえ、違いました。

　過去進行形の疑問文には Yes, ＋主語 ＋ was もしくは were. か No, ＋主語 ＋ was もしくは were ＋ not. で応答します。

過去進行形の疑問文＋whenの節

例 Were you playing the violin when I called you?
– Yes, I was. / No, I wasn't.

訳 私が電話をしたとき、あなたはバイオリンを弾いているところでしたか？
– はい、そうです。/ いいえ、違います。

　接続詞の when「〜するとき」から始まる節が「過去のある時点」を表していて、「その時点で〜をしていたのか」を、もう１つの節でたずねるパターンです。

> **ひとこと ポイント**　過去進行形の疑問文についてまとめておこう
> ①過去進行形の疑問文は「〜しているところでしたか？」という意味になる
> ②過去進行形の疑問文は Was か Were ＋主語＋動詞の ing 形＋α ？で表し、
> 　Yes, ＋主語 ＋ was か were. か No, ＋主語 ＋ was か were ＋ not. で応答する

Part
13

過去進行形

Lesson 3　**過去進行形の疑問文 ふりかえり問題**

①あなたはそのとき野球をしているところでしたか？

　→ ☐ ☐ ☐ ☐ then?

②カーメラさんは英語を教えているところでしたか？

　→ ☐ Ms. Carmella ☐ English?

解答 ● ① Were you playing baseball then? ② Was Ms. Carmella teaching English?

Part 14　受動態

受動態の肯定文

> **ここが大切！**
> 受動態（受け身）の文とは、主語と目的語の立場を入れかえて表現している文です！

be動詞＋過去分詞を使って受け身の文を作る

　これまで学んできた「（主語が）〜する」という文を能動態の文と呼びます。例えば、I use this car.「私はこの車を使います」、これは主語が「する側」の能動態の文です。能動態の文は、主語＋動詞＋目的語＋α．の順序で英文を作ります。

　これに対して今回学ぶ受動態の文では主語が「される側」になり、主語と目的語の立場を入れかえ、動詞の部分を be 動詞＋過去分詞（動詞が変化した形）を使って表します。

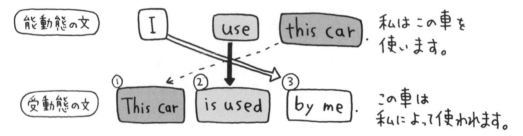

　上の例の能動態の文の主役は I ですが、受動態の文になると this car が主役になります。受動態の文は、次の 3 STEP で作ります。上の例を使って説明します。

STEP 1 主語「I」と目的語「this car」を入れかえる

STEP 2 動詞「use」を be 動詞＋元の動詞の過去分詞「is used」にする

STEP 3 元の主語の「I」を目的格（152ページ参照）「me」にして、その前に前置詞の by を置く

　ここでの by は「〜によって」という意味の前置詞で、by me は「私によって」という意味になります。できた受動態の文は「この車は私によって使われます」という意味になります。

> 過去分詞のほとんどは、過去形と同じ形ですが、不規則に変化するものもあります。154、155ページを参照してくださいね。

　過去分詞は過去形と同じ形をしている場合が多いのですが、動詞ではなく「形容詞」と同じ性質を持っています。The piano is new. のように、be 動詞の後ろに形容詞を置いて文を作るのと受動態の文を作るのは同じパターンだと理解しましょう。

受動態の肯定文（現在形）

例 This pen **is used** by Ms. Rousey.

訳 このペンはラウジーさんによって使われます。

　be 動詞の後ろにある過去分詞は「～される・された」という意味で、形容詞と同じ性質を持ちます。また、この文は This pen ＝ used by Ms. Rousey ということを表していますが、**be used by で「～によって使われる」**と覚えてもよいです。

受動態の肯定文（過去形）

例 This pen **was used** by Ms. Rousey.

訳 このペンはラウジーさんによって使われました。

　受動態の過去形は、**be 動詞を was もしくは were にするだけで完成します。**

自動詞＋前置詞のある受動態の肯定文

例 I **was spoken to** by Mr. Kidani yesterday.

訳 私は昨日キダニさんに話しかけられました。

　speak to「～に話しかける」などの**自動詞と前置詞がセットになった表現を受動態にする場合、be spoken to のようなカタマリになり、その後ろに by ＋動作をする人を置きます。**

> **ひとこと ポイント**　受動態についてまとめておこう
> ①受動態は be 動詞＋過去分詞で表し「～される」という意味になる。
> 　〈by ＋動作をする人〉が後に置かれることもある
> ②過去形は be 動詞を was もしくは were にすればよい
> ③ look at や speak to などの自動詞と前置詞がセットになったカタマリは、
> 　be looked at by や be spoken to by のようにして受動態を作る

Lesson 1　受動態の肯定文 ふりかえり問題 -

①そのピアノは彼女によって弾かれます。

→ ☐ ☐ ☐ ☐ ☐ ☐ .

②その地図（the map）は彼によって見つけられました。

→ ☐ ☐ ☐ ☐ ☐ ☐ .

解答 ● ① The piano is played by her. ② The map was found by him.

Part 14-2

Lesson 2　受動態の否定文

受動態の否定文は主語 + be 動詞 + not + 過去分詞 + α . の順序で作ります！

主語 + be動詞 + not + 過去分詞 + α . で否定文を作る

「(主語が) 〜されない」という意味を表す受動態の否定文は、主語 + be 動詞 + not + 過去分詞 + α . で作ります。受動態は be 動詞を使う表現なので、否定文を作るときは肯定文の be 動詞の後ろに not を置けば完成します。

受動態の否定文（現在形）

例 This pen **isn't used** by Ms. Rousey.

訳 このペンをラウジーさんは使いません。

be 動詞の後ろに not がついているので、否定を表します。例文を直訳すると「このペンはラウジーさんによっては使われません」となりますが、上にある訳のような、わかりやすい表現に置きかえるとよいです。

受動態の否定文（過去形）

例 This pen **wasn't used** by Ms. Rousey.

訳 このペンをラウジーさんは使いませんでした。

受動態の過去形の否定文は、be 動詞を was(were) にするだけで完成します。

自動詞 + 前置詞のある受動態の否定文

例 I **wasn't laughed at** by Mr. Kidani yesterday.

訳 私は昨日キダニさんに笑われませんでした。

laugh at「〜を笑う」などの自動詞と前置詞がセットになったカタマリは、カタマリのままで受動態を作ります。そのため be laughed at by のように**前置詞が 2 つ連続しますが、これは文法的に正しいので安心してください。**

助動詞のある受動態の肯定文・否定文

例 That magazine <u>can't be borrowed</u> from Mr. Tanahashi.

訳 あの雑誌をタナハシさんから借りることはできません。

　助動詞を含む受動態の肯定文は、主語＋助動詞＋ be ＋過去分詞＋α．の順序で作ります。 この例文は否定文なので、助動詞に not をつけた can't を使っています。また、助動詞のある文では動詞は原形になるので、be 動詞は常に原形の be を使います。

　magazine は「雑誌」、borrow は「借りる」、from は「～から」という意味です。この例文からわかるように、**いつも by ＋動作をする人が be 動詞＋過去分詞の後ろに置かれるわけではありません。** 他の前置詞を使うこともありますし、「～によって」の部分である by 以下のない受動態の文もあります。

受動態の否定文は肯定文の be 動詞の後ろに not を置けば完成するので、作るのは難しくはありません！

> **ひとこと
ポイント**

受動態の否定文についてまとめておこう

①受動態の否定文は主語＋ be 動詞＋ **not** ＋過去分詞＋α．で作り、「～されない」という意味になる

②受動態の過去形の否定文は be 動詞を **was** もしくは **were** にすればよい

③助動詞のある受動態の否定文は主語＋助動詞＋ **not** ＋ be 動詞＋過去分詞＋α．で作る

Part
14

受動態

Lesson 2　受動態の否定文 ふりかえり問題

①そのピアノを彼女は弾きません。

　→ The piano ☐ ☐ by ☐ .

②その地図は彼によって見つけられたのではありません。

　→ The map ☐ ☐ by ☐ .

③そのノートはそのお店では買えません。

　→ ☐ ☐ ☐ ☐ ☐ ☐ the store.

解答 ● ① The piano isn't played by her. ② The map wasn't found by him.
③ The notebook can't(cannot) be bought at(in) the store.

Part 14 受動態

Lesson
3

受動態の疑問文

> **ここが大切！**
> 受動態の疑問文は肯定文の主語と be 動詞を入れかえて、文末に？を置けば
> OK です！

主語とbe動詞を入れかえて文末に？を置いて疑問文にする

　受動態の疑問文は、肯定文の主語と be 動詞を入れかえて文末に？を置いて作ります。
　be 動詞＋主語＋過去分詞＋α？で「（主語が）〜されますか？」という意味の文になります。

受動態の疑問文（現在形）

例　**Is** this pen **used** by Ms. Rousey**?**
　　– **Yes, it is.** / **No, it isn't.**

訳　このペンはラウジーさんによって使われますか？
　　– はい、使われます。/ いいえ、使われません。

　受動態の疑問文は肯定文の主語と be 動詞を入れかえて文末に？を置けば完成します。質
問には Yes か No で応答し、例文では質問文にある this pen が、応答文の中では代名詞の
it になっています。

受動態の疑問文（過去形）

例　**Was** this pen **used** by Ms. Rousey**?**
　　– **Yes, it was.** / **No, it wasn't.**

訳　このペンはラウジーさんによって使われましたか？
　　– はい、使われました。/ いいえ、使われませんでした。

　受動態の過去形の疑問文も **be 動詞を Was もしくは Were にして、後ろに主語＋過去分
詞＋α？の順序で語句を並べて**作ります。

自動詞＋前置詞のある受動態の疑問文

例 Were you laughed at by Mr. Kidani yesterday?
– Yes, I was. / No, I wasn't.

訳 あなたは昨日キダニさんに笑われましたか？
– はい、笑われました。／ いいえ、笑われませんでした。

　疑問文を作る場合でも、**laugh at「〜を笑う」などの自動詞と前置詞がセットになった カタマリは、カタマリのまま離さずに**受動態を作ります。

助動詞のある受動態の疑問文

例 Can that magazine be borrowed from
Mr. Tanahashi?
– Yes, it can. / No, it can't.

訳 あの雑誌をタナハシさんから借りることはできますか？
– はい、できます。／ いいえ、できません。

　助動詞を含む受動態の疑問文は、**助動詞＋主語＋ be ＋過去分詞＋α ?** の順序で作ります。例文の応答文の中の代名詞 it は、質問文の that magazine を指しています。

ひとこと ポイント

受動態の疑問文についてまとめておこう

①受動態の疑問文は be 動詞＋主語＋過去分詞＋α ? で作り、「〜されますか？」という意味になる

②助動詞のある受動態の疑問文は助動詞＋主語＋ be ＋過去分詞＋α ? で作り、Yes, it can. や No, it can't. のように助動詞を使って応答する

Part
14

受動態

Lesson 3　受動態の疑問文 ふりかえり問題

①その地図は彼によって見つけられたのですか？

→ ☐ ☐ ☐ ☐ ☐ ☐ ?

②そのノートはそのお店では買えますか？

→ ☐ ☐ ☐ be ☐ ☐ the store?

解答 ● ① Was the map found by him? ② Can the notebook be bought at(in) the store?

[**ワンポイント** 受動態の疑問文には、Who is invited to the party?「誰がパーティーに招待されていますか？」
のような、疑問詞が主語を兼ねているタイプの文もあります。]

完了・結果を表す現在完了形

Lesson 1

> **ここが大切！**
> 現在完了形（完了・結果）は、have もしくは has ＋過去分詞を使って表し、「〜してしまった」や「〜したところだ」という意味になります！

現在完了形は「過去からつながる今の状態」を表す

　現在完了形は「過去に起きた事実」と「現在の状況」をひとまとめに表すためのもので、「完了・結果」「経験」「継続」を表す使いかたがあります。まずは、「〜してしまった」や「〜したところだ」という意味の「完了・結果」を表す現在完了形について説明します。現在完了形は、have もしくは has ＋過去分詞を使って表します。

完了・結果を表す現在完了形の肯定文

例 I **have** already **finished** my homework.

訳 私はすでに宿題を終えてしまいました。

　例文の have finished は現在完了形で「終えてしまった」を意味します。finished は「終えた」という過去のある時点における事実ですが、**have finished は「過去に開始した宿題が、今の時点ではやり終わっている」という、「過去のある時点」と「現時点」をつなぐ表現になります**。つまり「宿題が終わったから現時点では（他のことをする）時間がある」などのニュアンスを含んでいるのです。already は「すでに」という意味の副詞で、have finished を説明しています。already を置く位置は have と過去分詞の間になります。

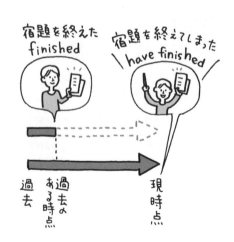

例 Asuka **has** just **finished** her homework.

訳 アスカはちょうど宿題を終えたところです。

　主語の Asuka は3人称単数なので have ではなく has を使います。**just は「ちょうど」という意味の副詞で、already と同じく have(has) と過去分詞の間に置きます。**この文は「ちょうど宿題を終え、今はその宿題から解放されている」というニュアンスを含む表現です。

完了・結果を表す現在完了形の否定文

例 I **haven't finished** my homework yet.

訳 私はまだ宿題を終えていません。

　現在完了形の否定文は、**have（has）not ＋過去分詞を使って表します**。have（has）not は haven't（hasn't）という短縮形を使って表すこともできます。文末にある yet は、否定文では「まだ」、疑問文では「もう」という意味になる副詞です。

完了・結果を表す現在完了形の疑問文

例 **Have** you **finished** your homework yet?
　　– Yes, I have. / No, I haven't.

訳 あなたはもう宿題を終えましたか？
　　– はい、終えました。／ いいえ、終えていません。

　現在完了形の疑問文は、**Have（Has）＋主語＋過去分詞＋α ? の順序で作り、Yes , ＋主語＋ have（has）. もしくは No, ＋主語＋ haven't（hasn't）. と応答します**。

> **ひとこと ポイント**
>
> ### 現在完了形（完了・結果）についてまとめておこう
>
> ①現在完了形（完了・結果）は have（has）＋過去分詞で表し「～してしまった」や「～したところだ」という意味を持つ
> ②否定文は主語＋ haven't（hasn't）＋過去分詞＋α . を使って表す
> ③疑問文は Have（Has）＋主語＋過去分詞＋α ? で表す
> ④現在完了形（完了・結果）では、already「もう・すでに」、just「ちょうど」、yet「まだ・もう」などの副詞が一緒に用いられることが多い

Lesson 1　完了・結果を表す現在完了形 ふりかえり問題

①彼はすでに彼のすべてのお金を使ってしまいました。　＊「使う」spend

　→ ☐ ☐ already ☐ all his money.

②彼はもう彼のすべてのお金を使ってしまいましたか？

　→ ☐ ☐ ☐ all his money ☐ ?

　– いいえ、使っていません。→ ☐ , ☐ ☐ .

解答 ● ① He has **already** spent all his money. ② **Has** he spent all his money **yet**? – **No**, he hasn't.

Lesson 2 経験を表す現在完了形

> **ここが大切！**
> have もしくは has ＋過去分詞を使う現在完了形は、「（今までに）〜したことがある」という今までの経験を表すことができます！

「〜したことがある」と伝えたいときに使う現在完了形

　have もしくは has ＋過去分詞は「〜したことがある」という「経験」を表すときにも使います。このパターンでは、「過去から現在までにある行為を（何回）したことがあるか」を表すことができます。

経験を表す現在完了形の肯定文

例 I **have visited** Fukuoka once.

訳 私は福岡を1回訪れたことがあります。

　have visited で「訪れたことがある」という意味になります。文末の once は「1回」という意味の副詞です。経験を表す現在完了形は、以下のような回数や頻度などを表す副詞とセットで使われることが多いので、覚えておきましょう。

語句	語句の意味	語句	語句の意味	単語	単語の意味
once	1回	ten times	10回	before	以前に
twice	2回	many times	何回も	ever	今までに
three times	3回	often	しばしば	never	1度もない

経験を表す現在完了形の疑問文

例 **Have** you **ever visited** Fukuoka?
　– Yes, I have. / No, I haven't.

訳 あなたは今までに福岡を訪れたことがありますか？
　– はい、あります。/ いいえ、ありません。

　ever は主に疑問文中で「今までに」という意味を表し、過去分詞の前に置かれます。

経験を表す現在完了形の否定文

例 I **have never visited** Fukuoka.

訳 私は福岡を1度も訪れたことがありません。

　ふつう現在完了形の**否定文は have(has) ＋ not ＋過去分詞**を使って表しますが、「1度もない」という経験についての否定文では、not の代わりに never を置きます。

have(has) been to と have(has) gone to の違い

例 I **have been to** Fukuoka many times.

訳 私は福岡に何回も行ったことがあります。

例 She **has gone to** Fukuoka.

訳 彼女は福岡に行ってしまいました。

　have(has) been to は「～に行ったことがある」という経験を表し、**have(has) visited** とほぼ同じような意味になります。一方、**have(has) gone to** は「～に行ってしまった（今、ここにはいない）」という完了・結果を表します。

　have(has) been to には「その場所に何かの目的があって訪れたことがある」というニュアンスがあり、have(has) visited には「訪問自体が目的であった」というニュアンスがあります。

ひとことポイント　現在完了形（経験）についてまとめておこう

①経験を表す現在完了形は「～したことがある」という意味を表す
②疑問文は Have（Has）＋主語＋過去分詞＋α？で、
　否定文は主語＋ have(has) ＋ never ＋過去分詞＋α. で表す
③ once や ever のような、回数や頻度などを表す副詞を一緒に使うことが多い

Part 15
現在完了形

Lesson 2　経験を表す現在完了形 ふりかえり問題

①オカさんはアメリカを何度も訪れたことがあります。

→ Mr. Oka [　　][　　] the U.S. [　　][　　].

②あなたは今までにその本を読んだことがありますか？

→ [　　][　　][　　][　　] the book?

– いいえ、読んだことがありません。→ [　　],[　　][　　].

解答 ● ① Mr. Oka has visited the U.S. many times. ② Have you ever read the book? – No, I haven't.

99

Lesson 3　継続を表す現在完了形

> ここが大切！
>
> have もしくは has ＋過去分詞を使う現在完了形は、「ずっと～している」という継続している状態を表すことができます！

「ずっと～している」ことを表す現在完了形

have もしくは has ＋過去分詞で、「ずっと～している」という「継続」の意味を表すこともできます。このときの現在完了形は、「過去から現在まである状態が続いていること」を表します。

継続を表す現在完了形の肯定文（forとsinceの使いかた）

⑳ I **have used** this dictionary **for 10 years**.

㉘ 私はこの辞書を10年間使っています。

⑳ I **have used** this dictionary **since last year**.

㉘ 私はこの辞書を昨年から使っています。

have used で「ずっと使っている」という意味になります。文末の for 10 years は「10年の間」という意味です。現在完了形の継続を表す文では、**for**「～の間」や **since**「～（して）以来」などの表現を一緒に使うことが多いです。

継続を表す現在完了形の疑問文

⑳ **How long** have you used this dictionary**?**

㉘ あなたはこの辞書をどのくらいの間使っていますか？

⑳ I have used it **since** I was a high school student.

㉘ 私はそれを高校生だったころからずっと使っています。

how long は「どのくらいの間」という意味で、期間をたずねたいときに疑問文の文頭に置きます。応答文にある since「～（して）以来」は、後ろに「過去のある時点を表す表現」を置いたり、主語＋動詞（過去形）＋αを置いたりすることができます。

継続を表す現在完了形の肯定文と否定文

例 I **haven't been** busy for a week.

訳 私は1週間ずっと忙しくありません。

例 Mr. Goto **hasn't been** busy since last month.

訳 ゴトウさんは先月からずっと忙しくありません。

　be 動詞や **know「知っている」**、**live「住む」**などの「状態」を表す動詞を現在完了形にすると、過去のある時点から現在まで「ずっと～な状態だ」ということを表します。また、否定文は、have（has）の後に not を置いた have（has）not もしくはその短縮形の haven't（hasn't）を使って作ります。

継続を表す現在完了形の肯定文（alwaysの使いかた）

例 Ms. Banks has **always** wanted to see you.

訳 バンクスさんはずっとあなたに会いたいと思っています。

　always「ずっと」も「継続」を表すときに使われます。**want to do は「～したい」という意味**で、has always wanted to see は「ずっと会いたいと思っている」と訳します。

ひとこと ポイント

現在完了形（継続）についてまとめておこう

①継続を表す現在完了形は「ずっと～している」という意味を表す

②疑問文は **Have（Has）** ＋主語＋過去分詞＋α？で、
　否定文は主語＋ **haven't（hasn't）** ＋過去分詞＋α．で表す

③ **how long** や **since**、**for** のような、期間に関係する表現を一緒に使うことが多い

Lesson 3　**継続を表す現在完了形 ふりかえり問題**

①あなたはどのくらいの間東京に住んでいますか？

→ ☐ ☐ ☐ ☐ ☐ in Tokyo?

②私はここに10年間住んでいます。

→ ☐ ☐ ☐ ☐ ☐ ☐ .

解答 ● ① How long have you lived in Tokyo? ② I have lived here for 10（ten）years.

Lesson 4　現在完了進行形の肯定文

> **ここが大切！**
> 現在完了進行形は、have もしくは has + been + 動詞の ing 形の形で「ずっと〜し続けている」と動作が継続していることを表します！

「過去から続いている動作」を表す現在完了進行形

現在完了進行形（ずっと〜し続けている）は「過去から現在まである動作が続いていること」を表します。現在完了進行形の文は、have もしくは has + been + 動詞の ing 形を使って表します。

現在完了進行形の肯定文

例 I **have been waiting** for Kenta since this morning.

訳 私は今朝からずっとケンタを待っています。

have been waiting で「ずっと待っている」という意味になります。現在完了進行形にすることで、「今朝『待つ』という動作をはじめて、今もまだ続けている」ということを表しています。
「ずっと」とありますが、途中で一時的に休憩を挟むなど、断続的な動作を表すときでも現在完了進行形を使うことができます。

継続を表す現在完了形との違い

例 I **have been** busy for two hours.

訳 私は 2 時間ずっと忙しいです。

例 I **have been cooking** dinner for two hours.

訳 私は 2 時間ずっと夕食を作っています。

継続を表す現在完了形と現在完了進行形はどちらも「ずっと〜している」という意味になりますが、2つには違いがあります。**継続を表す現在完了形は、過去から現在まで「ある状態が続いていること」を表しますが、現在完了進行形は、過去から現在まで「ある動作が続いていること」を表します**（ただし、長期にわたって続く動作については、継続を表す現在完了形が使われることもあります）。

・継続を表す現在完了形

I <u>have been</u> busy for two hours.

　私は2時間ずっと忙しいです。

　→「忙しい」という <u>状態</u> が

　　続いていることを表している。

・現在完了進行形

I <u>have been</u> cooking dinner for two hours.

　私は2時間ずっと夕食を作っています。

　→「夕食を作る」という <u>動作</u> が

　　続いていることを表している。

ひとこと　ポイント

現在完了進行形についてまとめておこう

①現在完了進行形は have(has) + been +動詞の ing 形で表し、「ずっと〜し続けている」という意味を持つ

②継続を表す現在完了形が「状態の継続」を表すのに対し、現在完了進行形は「動作の継続」を表す

Lesson 4　**現在完了進行形の肯定文 ふりかえり問題**

①私は3時間ずっとテレビを見ています。

　→ I ☐☐☐ TV for three hours.

②サトシは午後2時からずっとピアノを弾き続けています。

　→ Satoshi ☐☐☐ the piano since two p.m.

解答 ● ① I have been watching TV for three hours. ② Satoshi has been playing the piano since two p.m.

Lesson 5　現在完了進行形の疑問文・「ずっと〜していない」を表す文

> **ここが大切！**
> 現在完了進行形の疑問文は、主語の前に Have もしくは Has を、文末に？を置いて作ります！

疑問文は主語の前にHave（Has）を、文末に？を置いて作る

　現在完了進行形の疑問文（ずっと〜しているのですか？）は、主語の前に Have もしくは Has を、文末に？を置いて作ります。

現在完了進行形の疑問文

例　**Has** Ms. Rousey **been talking** on the phone for many hours?
　– Yes, she has. / No, she hasn't.

訳　ラウジーさんは何時間もずっと電話で話しているのですか？
　– はい、話しています。/ いいえ、話していません。

「ずっと〜しているのですか？」とたずねる現在完了進行形の疑問文は **Have（Has）＋主語＋ been ＋動詞の ing 形＋α ?** で表します。この疑問文には **Yes, ＋主語＋ have（has）.** もしくは **No, ＋主語＋ haven't（hasn't）.** で応答します。

例　**How long has** Ms. Rousey **been talking** on the phone? – **For** about two hours.

訳　ラウジーさんはどのくらいの間電話で話しているのですか？
　– ２時間ほどです。

How long ＋ have（has）＋主語＋ been ＋動詞の ing 形＋α ? で「どのくらいの間〜していますか？」という意味の文になります。答えるときは、**for 〜**や **since 〜**といった期間に関係する表現を使います。

「ずっと〜していない」を表す文

例 Zack <u>hasn't practiced</u> soccer for three weeks.

訳 ザックは 3 週間ずっとサッカーを練習していません。

「ずっと〜している」と動作の継続を表す場合には現在完了進行形を使いますが、「**ずっと〜していない**」という否定の意味を表す場合は、原則として現在完了形の否定文で表します。

ザックは 3 週間ずっと サッカーを 練習していません。

→ ずっと サッカーを 練習していない 状態

→ 継続を表す現在完了形の 否定文で 表す

↓

Zack hasn't practiced soccer for three weeks.

[✕ hasn't been practicing soccer]

3 週間前　　　現在

ひとこと ポイント

現在完了進行形の疑問文・「ずっと〜していない」を表す文についてまとめておこう

① 現在完了進行形の疑問文は Have（Has）＋主語＋ been ＋動詞の ing 形＋α ? で表す

② 現在完了進行形の疑問文には Yes, ＋主語＋ have（has）. か No, ＋主語＋ haven't（hasn't）. で応答する

③「ずっと〜していない」は、原則として現在完了形の否定文で表す

Lesson 5　現在完了進行形の疑問文・「ずっと〜していない」を表す文 ふりかえり問題…

① 沖縄では 2 週間ずっと雨が降っているのですか？

→ ［　　　　］ it ［　　　　］［　　　　］ in Okinawa for two weeks?

－ はい、そうです。→ ［　　　　］, ［　　　　］［　　　　］.

② 私は今朝からずっと彼女と話していません。

→ I ［　　　　］［　　　　］ with her ［　　　　］［　　　　］［　　　　］.

解答 ● ① Has it been raining in Okinawa for two weeks? – Yes, it has. ② I haven't talked with her since this morning.

Lesson 1　現在分詞の後置修飾

> **ここが大切！**
>
> 進行形で使っていた現在分詞（＝動詞の ing 形）は、形容詞として名詞を前後から修飾することができます！ここでは、名詞を後ろから修飾する「後置修飾」について学習します！

現在分詞は名詞を前後から修飾できる

　現在分詞（＝動詞の ing 形）は「〜している」という意味で、a sleeping dog「眠っている犬」のように、「名詞が何をしているところなのか」を表すことができます。現在分詞単独では名詞を前から修飾しますが、現在分詞＋α、例えば sleeping in the dog house「犬小屋で眠っている」のようなカタマリは、a dog sleeping in the dog house「犬小屋で眠っている犬」のように名詞を後ろから修飾します。

現在分詞＋名詞のある肯定文

例 There is a sleeping dog.

訳 眠っている犬がいます。

　この例文では**現在分詞の sleeping「眠っている」が、「dog がどのような状態なのか」を前から説明しています**。sleeping は現在分詞ですが、名詞の dog を修飾しているので、品詞としては形容詞だと考えてください。

名詞＋現在分詞＋αのある肯定文

例 There is a dog sleeping in the dog house.

訳 犬小屋の中で眠っている犬がいます。

sleeping in the dog house は、現在分詞＋αのカタマリで、「犬小屋の中で眠っている」という意味になります。このカタマリが「犬の状態」を後ろから説明しています。

名詞＋現在分詞＋αのある疑問文

例 Who is the man **talking with Mr. Okada**?

– He is Mr. Marufuji.

訳 オカダさんと話をしているその男性は誰ですか？

– 彼は、マルフジさんです。

　問いかけの文では Who is the man「その男性は誰ですか」の後ろに現在分詞＋αを置いて、the man の説明をしています。どんな男性かというと「オカダさんと話をしている」(talking with Mr. Okada) 男性です。つまり、**the man talking with Mr. Okada は「オカダさんと話をしているその男性」という意味になります。**

名詞＋現在分詞＋αが主部になっている文（肯定文）

例 The woman **walking over there** is Ms. Banks.

訳 向こうを歩いている女性はバンクスさんです。

　英語では「動詞の前までが主語（主部）」なので、ここでは The woman walking over there までが主部になります。主部とは主語の The woman と、それを説明する walking over there「向こうを歩いている」でできているカタマリのことです。**walking over there は The woman の説明をしていることから、主部は「向こうを歩いているその女性は」という意味になります。**それが is（＝）Ms. Banks だ、ということです。

> **ひとことポイント**
> **現在分詞の後置修飾についてまとめておこう**
> ①現在分詞（～している）は単独で前から名詞を修飾し、現在分詞＋αのカタマリは後ろから名詞を修飾する
> ②現在分詞は形容詞の役割を果たすため、名詞を前後から修飾する

Part 16 後置修飾

Lesson 1　現在分詞の後置修飾 ふりかえり問題

①向こうで本を読んでいる女の子は誰ですか？

→ Who is the girl ☐ a ☐ ☐ ☐ ?

②向こうで本を読んでいる女の子はメアリーです。

→ ☐ ☐ ☐ a ☐ ☐ ☐ ☐ Mary.

解答 ● ① Who is the girl reading a book over there? ② The girl reading a book over there is Mary.

Lesson 2 過去分詞の後置修飾

> **ここが大切！**
> 過去分詞も現在分詞と同じく、形容詞として名詞を前後から修飾すること
> ができます！

過去分詞も形容詞のように名詞を修飾できる

　過去分詞は単独で名詞を前から修飾し、過去分詞 + α は後ろから名詞を修飾します。過去分詞は「〜される（た）」という意味を持ち、a used car「使われた車＝中古車」のように、「名詞が何をされる（た）のか」を表します。過去分詞 + α、例えば used by Kota「コウタに使われている」のようなカタマリは、a car used by Kota「コウタに使われている車」のように名詞を後ろから修飾します。過去分詞は現在分詞と同様に、文中では名詞を修飾する形容詞的な役割を果たします。

過去分詞は単独で名詞を前から修飾して
「名詞が何をされる（た）のか」を表し、
過去分詞 + α は後ろから名詞を説明します！

過去分詞 + 名詞のある肯定文

㋕ This is a broken glass.

㋢ これは壊れたグラスです。

　この例文では、**過去分詞の broken「壊された」が、「glass がどのような状態なのか」を前から説明しています**。broken は過去分詞ですが、名詞の glass を修飾しているので、品詞としては形容詞だと考えてください。

名詞 + 過去分詞 + α のある肯定文

㋕ This is a glass broken by Yujiro.

㋢ これはユウジロウによって壊されたグラスです。

　broken by Yujiro は過去分詞 + α のカタマリで、「ユウジロウによって壊された」という意味です。このカタマリが「グラスの状況・状態」を後ろから説明しています。

名詞＋過去分詞＋αのある疑問文

例 Which is the picture <u>painted by Mr. Nakamura</u>?
– This one is.

訳 どれがナカムラさんによって描かれた絵ですか？
– この絵です。

　Which is the picture「どれが（その）絵ですか」の後ろに過去分詞＋αを置いて、the picture の説明をしています。どんな絵かというと「ナカムラさんによって描かれた」（painted by Mr. Nakamura）絵です。つまり、**the picture painted by Mr. Nakamura は「ナカムラさんによって描かれた絵」という意味になります**。応答の文ではこの部分がそのまま主部になり、this one の one は picture のことを表しています。

名詞＋過去分詞＋αのある肯定文（There be構文）

例 There are two languages <u>spoken here</u>.

訳 ここでは2つの言語が話されています。

　There are two languages は「2つの言語があります」という意味です。**two languages を修飾しているのは、後ろに続く過去分詞＋αの spoken here「ここで話されている」になります**。英語の語順のままの意味だと「2つの言語があります→ここで話されている」となり、これをこなれた日本語で表すと上にある訳のようになります。

> **ひとこと ポイント**
> ## 過去分詞の後置修飾についてまとめておこう
> ①過去分詞（〜される〈た〉）は単独で前から名詞を修飾し、過去分詞＋αのカタマリは後ろから名詞を修飾する
> ②過去分詞は形容詞の役割を果たすため、名詞を前後から修飾する

Lesson 2　過去分詞の後置修飾 ふりかえり問題

①ナイトウさんによって書かれた本はどこですか？

→ Where is the ☐☐☐ Mr. Naito?

②ここで話されている言語は日本語です。

→ The language ☐☐ is Japanese.

解答 ● ① Where is the book written by Mr. Naito? ② The language spoken here is Japanese.

Lesson 1 　関係代名詞の that

> ここが大切！
>
> 関係代名詞の that は名詞とそれを説明する節(せつ)をつなぎます！

関係代名詞は前にある名詞を説明する

a car used by Mr. Okada は「オカダさんによって使われている車」でしたが、これは a car that Mr. Okada uses 「オカダさんが使っている車」のように表すこともできます。

このとき、a car という名詞の後ろにある that を関係代名詞と呼びます。また、その後ろには Mr. Okada uses という主語＋動詞が続いています。後ろに主語＋動詞が続く場合、that を省略することもできます。

関係代名詞には that のほかに who、which、whose などがあり、修飾する名詞が人なのか人以外なのかによって使い分けるものもあります。ここでは that から説明していきます。

関係代名詞の that は「前にある名詞をていねいに説明する節を導く」はたらきがあります！

関係代名詞の that ＋主語＋動詞(＋α)の肯定文

例 # This is a glass that Yujiro broke.

訳 これはユウジロウが壊したグラスです。

「これはグラスです」＋ that（どんなグラスかというと）＋「ユウジロウが壊した（グラスです）」という構成の英文です。関係代名詞の that は「代名詞」なので、一度登場した名詞を指します。ここでは直前にある a glass を指していると理解しましょう。

この that は Yujiro broke の目的語が前に出たものです。元々は broke の目的語なので「目的格の that」と呼ばれます。

関係代名詞の that＋動詞＋αの肯定文

例 I have a friend <u>that lives in Mexico</u>.

訳 私にはメキシコに住んでいる友人がいます。

<u>「私には友人がいます」＋ that（どんな友人かというと）＋「メキシコに住んでいる（友人です）」という構成の英文です</u>。この関係代名詞の that は and the friend のことで、lives in Mexico の主語の役割も果たしています。このように that を含む節で主語になるものを「主格の that」と呼びます。

関係代名詞の that＋be動詞＋過去分詞＋αの疑問文

例 Which is the picture <u>that was painted by Ken</u>?
　　 – This one is.

訳 どれがケンによって描かれた絵ですか？
　　 – この絵です。

問いかけの文は、**Which is the picture「どれがその絵ですか」の後ろに主格の that ＋ be 動詞＋過去分詞＋αを置いて、the picture の説明をしています**。どんな絵についての話かというと「ケンによって描かれた」（that was painted by Ken）絵です。

応答文では、この部分がそのまま主部になっています。また、これらの文では that was を外しても正しい英文（＝過去分詞の後置修飾を使った文〈108～109ページ参照〉）になります。

> **ひとこと ポイント**
>
> **関係代名詞の that についてまとめておこう**
> ①関係代名詞の that を含む節は、後ろから名詞を説明する
> ②関係代名詞の that は、that を含む節の中に主語がなければ主格の that、目的語がなければ目的格の that である

Lesson 1　**関係代名詞の that ふりかえり問題**

①橋の上のバスが見えますか？

→ Can you ☐ the ☐ ☐ ☐ on the bridge?

②この国で話されている言葉はスペイン語です。

→ The language ☐ ☐ ☐ ☐ this country is Spanish.

Lesson 2

関係代名詞の who と whom

> **ここが大切！**
> 関係代名詞の who と whom は名詞（人）とそれを説明する節をつなぎます！

先行詞が人のときに使う who と whom

関係代名詞の who と whom は、名詞（人）＋ who もしくは whom ＋（主語＋）動詞＋ α の形で使い、名詞（人）の説明をします。

I have a friend that lives in Mexico. は「私にはメキシコに住んでいる友人がいます」という文でしたね。ここで使われている関係代名詞の主格の that は、関係代名詞 who と置きかえることができます。

who を使うと I have a friend who lives in Mexico. となります。関係代名詞は「代名詞」なので一度登場した名詞を指します。この文の場合 who は a friend を指します。また、この a friend のように関係代名詞を含んだ節によって説明される名詞を先行詞と呼びます。ここでは先行詞＋関係代名詞を含んだ節の順序で主部や目的語などを作ることをおさえましょう。

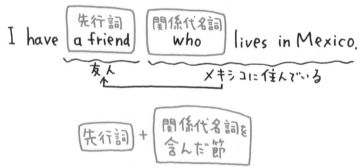

関係代名詞の who ＋動詞＋ α の肯定文

例 I know a woman who is a bank officer.

訳 私は銀行員をしている女性を知っています。

「私は女性を知っています」＋ who（どんな女性なのかというと）＋「銀行員をしている（女性です）」という構成の英文です。関係代名詞の who は、直前にある a woman を指しています。**and she is a bank officer の and と主語である she が who になっていると考えてください。**

この who は「主格の who」と呼ばれ、先行詞が人のときに使います。

関係代名詞のwho(whom) + 主語 + 動詞 + αの肯定文

例 The man who(whom) I talked with yesterday is Mr. Watanabe.

訳 私が昨日話をした男性はワタナベさんです。

関係代名詞の who(whom) は先行詞が人のときに使い、who(whom) を含む節の中の目的語を兼ねます。

この例文では、先行詞 + who(whom) + (who(whom) を含む節) のカタマリが、文全体の主語（主部）になっています。The man who(whom) I talked with yesterday は「その男性」+ who(whom)（どんな男性なのかというと）+「私が昨日話をした（男性です）」という構成になっていて、意味をまとめると「私が昨日話をした男性」となります。ここまでが文全体の主部になり、「ワタナベさんです」という動詞以下の述語へとつながっています。

＊この章で扱う who(whom) は、中学校では習いませんが、英検準2級以上や TOEIC L&R テストでは出題されるので、この本でまとめて覚えておくことをおすすめします。

ひとこと ポイント

関係代名詞の who と whom についてまとめておこう

①関係代名詞の who と whom を含む節は、後ろから名詞を説明する

②関係代名詞の who と whom は、先行詞が人のときにだけ使う

③関係代名詞の主格の who は、who を含む節の中に主語がないときに使い、その節の中に目的語がなければ who か whom を使う

Lesson 2 　関係代名詞の who と whom ふりかえり問題

①向こうを歩いている女性が見えますか？

→ Can you 　　　 the 　　　 　　　 　　　 walking over there?

②私が昨日会った男性はケニーです。

→ The man 　　　 　　　 　　　 yesterday is Kenny.

解答 ● ① Can you see the woman who(that) is walking over there?
② The man who(whom/that) I met(saw) yesterday is Kenny.

Lesson 3　関係代名詞のwhich

> ここが大切！
>
> 関係代名詞の which は名詞（人以外）とそれを説明する節をつなぎます！

先行詞が人以外のときに使うwhich

　関係代名詞の which は、先行詞（人以外）＋ which（＋主語）＋動詞の形で使い、先行詞（人以外）の説明をします。

　I have a watch that I got from my father. は「私は父からもらった時計を持っています」という文です。ここで使われている関係代名詞の目的格の that は、関係代名詞 which と置きかえることができます。which を使うと I have a watch which I got from my father. となります。which は直前にある名詞 a watch を指しています。

関係代名詞のwhich＋動詞＋αのある肯定文

例　She has a dog **which is called Mamenosuke**.

訳　彼女はマメノスケと呼ばれる犬を飼っています。

「彼女は犬を飼っています」＋ which（どんな犬を飼っているのかというと）＋「マメノスケと呼ばれる（犬です）」という構成の英文です。which は、ここでは直前にある a dog のことを指しています。この **which は and he(she) is called Mamenosuke の and と主語である he(she) が which になっている**と考えてください。この which は「主格の which」と呼ばれ、先行詞が人以外のときに使います。

関係代名詞のwhich＋主語＋動詞＋αのある肯定文

例 # The magazine which I bought yesterday is *Muscle and Training.*

訳 私が昨日買った雑誌はマッスル アンド トレーニングです。

　関係代名詞の which は先行詞が人以外のときに使い、先行詞と which を含む節をつなぐ接続詞と which を含む節の中の目的語を兼ねるはたらきがあります。

　この例文は先行詞＋ which を含む節のカタマリが、文全体の主部になっているパターンです。The magazine which I bought yesterday は、 その雑誌 ＋ which どの雑誌のことを言っているのかというと ＋「私が昨日買った（雑誌です）」という構成で、意味は「私が昨日買った雑誌」となります。ここまでが文全体の主部になり、それが「マッスル アンド トレーニングです」という動詞以下の述語へとつながっています。

ひとことポイント

関係代名詞の which についてまとめておこう
①関係代名詞の which を含む節は、後ろから名詞を説明する
②関係代名詞の which は、先行詞が人以外のときにだけ使う
③関係代名詞の which は、which を含む節の中に主語がないときでも目的語がないときでも使える

Lesson 3　**関係代名詞の which ふりかえり問題**

①向こうを歩いている白い猫が見えますか？

→ Can you ☐ the white ☐ ☐ ☐ walking over there?

②私が昨日見た車はケニーの車です。

→ The car ☐ ☐ ☐ yesterday is Kenny's car.

解答 ● ① Can you see the white cat which (that) is walking over there?
② The car which (that) I saw yesterday is Kenny's car.

[ワンポイント　書名や曲名、映画のタイトルなどは、英語ではイタリック体（＝ななめの文字）で表されることがあります。]

Lesson 4 関係代名詞のwhose

> **ここが大切！**
> 関係代名詞の whose は名詞と、その名詞が持っている人や物を説明する節をつなぎます！

「〜の」を表す関係代名詞whose

　関係代名詞の whose は、先行詞＋whose＋名詞＋動詞＋α の順序で使い、先行詞の説明をします。

　I have a friend whose father is an actor. は「私にはお父さんが俳優をしている友人がいます」という文です。ここで使われている whose は所有格の関係代名詞で、a friend's「友人の」を表しています。先行詞の a friend と whose の後ろにある father には所有する・されるという関係ができています。

関係代名詞のwhose＋名詞＋動詞＋αのある肯定文

例 He has a cat <u>whose tail is short</u>.

訳 彼はしっぽが短い猫を飼っています。

「彼は猫を飼っています」＋ whose（その猫の）＋「しっぽは短いです」という構成の英文です。whose は、ここでは直前にある a cat を指します。and the cat's tail is short の and the cat's が whose になっていると考えてください。この whose は「所有格の関係代名詞」と呼ばれ、先行詞が人でも人以外でも使えます。

例 Mr. Naito is the man <u>whose jacket is always white</u>.

訳 ナイトウさんは、いつも白い上着を着ている男性です。

　最初の節は「ナイトウさんは（その）男性です」、関係代名詞の whose（＝ and the man's）が続き、その次の節は「上着はいつも白いです」という内容になっています。英語のままの語順だと、「ナイトウさんは（その）男性です、その男性の上着はいつも白いです」となりますが、きれいな日本語にしたいのであれば **the man whose jacket is always white の部分を「名詞＋動詞＋α→先行詞」の順で訳しましょう。**

　そうすれば「上着がいつも白のその男性」、つまり「いつも白い上着を着ている男性」となります。ただし、あまりきれいな日本語訳を作ることにこだわる必要はありません。あくまでも「左から右へ」理解することが大切です。「ナイトウさんは男性で、その男性の上着はいつも白です」のような感じで、「英語の語順のまま」英文を理解するようにしてください。

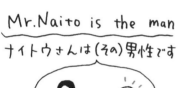 

Mr. Naito is the man
ナイトウさんは（その）男性です

関係代名詞
whose

jacket is always white.
（彼の）上着はいつも白いです

ひとことポイント

関係代名詞の whose についてまとめておこう

①関係代名詞の whose は、先行詞の所有格を表す
②関係代名詞の whose は、先行詞＋ whose ＋名詞＋動詞＋αの順序で使い、whose ＋名詞＋動詞＋αが先行詞を説明する
③先行詞が人でも人以外でも関係代名詞の whose を使うことができる

Lesson 4　関係代名詞の whose　ふりかえり問題 ------------------

①しっぽが白いあの猫が見えますか？

→ Can you ▢ that cat ▢ ▢ ▢ ▢ ?

②あの車体（body）が黒い車は、ケニーの車です。

→ The car ▢ ▢ ▢ black is Kenny's car.

Part **17** 関係代名詞

解答 ● ① Can you see that cat whose tail is white? ② The car whose body is black is Kenny's car.

Lesson 1 原形不定詞（使役動詞・知覚動詞）

> **ここが大切！**
>
> to がつかない不定詞のことを、原形不定詞と呼びます。
> 動詞＋目的語＋原形不定詞の形で「（目的語）に〜させる」や「（目的語）が〜するのを…する」という意味になります！

原形不定詞とは「動詞の原形」のこと

原形不定詞とは、to がつかない不定詞で、つまり動詞の原形のことをいいます。

原形不定詞は、動詞＋目的語＋原形不定詞の形で使います。これは、「（目的語）に〜させる」や「（目的語）が〜するのを…する」という意味になります。この文の動詞には主に「使役動詞」や「知覚動詞」が使われます。

使役動詞＋目的語＋原形不定詞を使った文

例 **My mother made me clean my room.**

訳 私の母は私に部屋を掃除させました。

使役動詞とは、「（人や物に）〜させる・〜してもらう」というように、**相手に何かをさせることを意味する動詞**です。

ここでの made は「（人や物に）〜させる」という意味の使役動詞 make の過去形で、主語の My mother が目的語である me に原形不定詞の内容（clean my room）をさせたということを表しています。

知覚動詞＋目的語＋原形不定詞を使った文

例 **I saw Kota go into the supermarket.**

訳 私はコウタがそのスーパーマーケットに入るのを見ました。

I [saw] Kota [go into the supermarket].

私は見ました。コウタが　その スーパーマーケットに入るのを

知覚動詞　目的語　　原形不定詞

「見る、感じるなど」＋「だれ[何]が」
＋「何をするのを」の語順

　知覚動詞とは、「〜を見る」や「〜を聞く」というように、視覚・聴覚・触覚といった<u>五感を必要とする動詞</u>です。

　ここでの saw は「（人や物が〜するのを）見る」という意味の知覚動詞 see の過去形で、目的語である Kota が原形不定詞の内容（go into the supermarket）をするのを、主語の I が見たということを表しています。

原形不定詞と一緒に使われる使役動詞・知覚動詞の例

使役動詞	動詞の意味	知覚動詞	動詞の意味
make	（強制的に）〜させる	see	〜を見る（見かける）
let	（許可して）〜させてやる	hear	〜を聞く（〜が聞こえる）
have	（目下の人に）〜させる （仕事として）〜してもらう	feel	〜と感じる
		watch	〜をじっくりと見る
help	〜を手伝う	notice	〜に気がつく

ひとことポイント

原形不定詞の使いかたについてまとめておこう

①使役動詞＋目的語＋原形不定詞は、「（目的語）に〜させる」という意味になる

②知覚動詞＋目的語＋原形不定詞は、「（目的語）が〜するのを…する」という意味になる

Lesson 1　**原形不定詞 ふりかえり問題** --------------------------------

①母は（強制的に）私に買い物に行かせました。

　→ My mother ☐☐☐ shopping.

②私は彼が上手に日本語を話すのを聞きました。

　→ I ☐☐☐ Japanese well.

Part
18

原形不定詞

解答 ● ① My mother made me go shopping. ② I heard him speak Japanese well.

Part 19 仮定法

Lesson 1 「If 〜」を使った仮定法

> ここが大切！
> 仮定法は、実際の状況とは異なることや、起こる可能性がないと考えていることについて、「もし〜なら…」と仮定するときに使います！

実際の状況とは異なることや、起こる可能性がないと考えていることについて仮定する表現

仮定法とは、実際の状況とは異なることや、起こる可能性がないと考えていることについて仮定するときに使う表現です。

If I lived in Australia, I could see you easily.
もし私がオーストラリアに住んでいたら、
あなたにかんたんに会えるのですが。

この文では、「（実際には住んでいないが）もしオーストラリアに住んでいたら」という、実際の状況とは異なることについての仮定を表しています。

仮定法の文の作りかた

例 If I **had** enough time, I **would study** math hard.

訳 もし私に十分な時間があれば、数学を一生懸命勉強するのですが。

「もし〜なら」の部分を if ＋ 主語＋動詞の過去形＋α、「…なのに（だろう）」の部分を主語＋助動詞の過去形＋動詞の原形＋α を使って表します。「もし〜なら」にあたる if 〜が文のはじめにくるとき、〜の終わりにカンマ（, ）を入れます。

If I had enough time, I would study math hard.
もし私に十分な時間があれば　数学を一生懸命勉強するαですが。
動詞の過去形　　　　　　　　助動詞の過去形＋動詞の原形

> 「もし〜できたら」など、助動詞の意味を含む場合は、助動詞の過去形＋動詞の原形になります。

> ・could → 〜できるのに
> ・would → 〜するだろう
> ・might → 〜するかもしれない

例 If I **were** you, I **wouldn't throw** the guitar away.

訳 もし私があなたなら、そのギターを捨てないでしょう。

　この文では、「（実際は違うけれど）もし私があなたなら」という、実際の状況とは異なることについての仮定を表しています。if ～の部分の「動詞の過去形」に be 動詞がくる場合、主語が何であっても were を使うことが多いです。

If ～ の文の使い分け

起こる可能性が十分にある場合

If I have time in the morning tomorrow,　I will go for a walk.

もし明日の午前中に時間があったら、　私は散歩に行きます。

明日の予定	
12:00	
13:00	映画
16:00	歯医者

起こる可能性がないと考えている場合

If I had time in the morning tomorrow,　I would go for a walk.

もし明日の午前中に時間があったら、　私は散歩に行くのですが。

明日の予定	
8:00	洗濯
10:00	買い物
12:00	
13:00	映画
16:00	歯医者

　実際に起こる可能性が十分にあると考えていることを言い表す場合にも、if ～ の文を使うことができます。その場合、If ＋主語＋動詞の**現在形**＋α , 主語＋**助動詞の will** ＋**動詞の原形**＋α . で表します。

ひとことポイント

仮定法についてまとめておこう

①仮定法は、実際の状況とは異なることや、起こる可能性がないと考えていることについて仮定するときに使う

②仮定法の文の基本形は、If ＋主語＋動詞の過去形＋α , 主語＋助動詞の過去形＋動詞の原形＋α . で作る

Lesson 1　「If ～」を使った仮定法 ふりかえり問題

①もし私に弟がいたら、私は毎日彼と一緒に野球ができるのですが。

→ [　　] I [　　] a brother, I [　　] [　　] baseball with him every day.

②もし私が鳥なら、空を飛ぶこと（flying）を楽しむのですが。

→ [　　] I [　　] a bird, I [　　] [　　] flying in the sky.

解答 ● ① If I had a brother, I could play baseball with him every day.
② If I were a bird, I would（could）enjoy flying in the sky.

Lesson 2 「I wish 〜」を使った仮定法

> **ここが大切！**
> I wish ＋主語＋動詞の過去形（助動詞の過去形＋動詞の原形）＋α . を使っ
> て、実際の状況と異なることや、起こる可能性がないと考えていることに
> 対する自分の願望を表せます！

I wish ＋主語＋動詞の過去形（助動詞の過去形＋動詞の原形）＋α.で願望を表す

「〜だったらいいのに」と、**実際の状況と異なることや、起こる可能性がないと考えてい**
ることに対する自分の願望を表すときは、I wish 〜 の文を使います。

I wish I lived in Paris.
私がパリに住んでいたらいいのですが。

　この文では、「（実際には住んでいないが）パリに住んでいたらいいのに」という願望を表
しています。実際にはパリに住んでいないことを残念に思っている気持ちを表しています。

I wish 〜 の文の作りかた

例 **I wish I had a sister.**

訳 私に妹がいたらいいのですが。

　I wish 〜 の文は I wish ＋主語＋動詞の過去形（助動詞の過去形＋動詞の原形）＋α . で
表します。

I wish　　I had a sister.
〜ならいいのに　私に妹がいたら
　　　　　　　　　願望の内容

I wish ＋主語＋動詞の過去形(助動詞の過去形＋動詞の原形)＋α.

例 **I wish Hiromu were here.**

訳 ヒロムがここにいてくれたらいいのですが。

　この文では、「（実際にはここにいないが）ヒロムがここにいてくれたらいいのに」とい
う願望を表しています。**wish に続く願望の内容を表す部分で be 動詞を使う場合、主語が**
何であっても were を使うことが多いです。

I hope ～ の文とI wish ～ の文

例 **I hope I can join the party on Saturday.**

訳 土曜日にそのパーティーに参加できたらいいなと思っています。

例 **I wish I could join the party on Saturday.**

訳 土曜日にそのパーティーに参加できたらいいのですが（残念ながらできません）。

I hope ～ も願望を表す表現ですが、I wish ～ とは違い、**起こる可能性が十分にあることに対する自分の願望**を表します。I hope ～ の文の場合、願望を表す部分が**主語＋動詞の現在形（助動詞＋動詞の原形）**＋αの形になります。

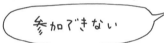

上の文では、参加できるだろうと考えているパーティーへの参加を望んでいる様子を表しています。一方、下の文では、予定や条件が合わずにパーティーに参加できないことを残念に思っている様子を表しています。

ひとこと ポイント

I hope ～ の文と I wish ～ の文についてまとめておこう

① I hope ＋主語＋動詞の現在形（助動詞＋動詞の原形）＋α．で、起こる可能性が十分にあることに対する自分の願望を表す

② I wish ＋主語＋動詞の過去形（助動詞の過去形＋動詞の原形）＋α．で、実際の状況と異なること・起こる可能性がないと考えていることに対する自分の願望を表す

Lesson 2 「I wish ～」を使った仮定法 ふりかえり問題

①私が上手に泳げたらいいのですが（残念ながら無理です）。

→ I ☐ I ☐ ☐ well.

②私がもっと背が高かったらいいのですが（残念ながら違います）。

→ I ☐ I ☐ taller.

Part 19 仮定法

4 技能トレーニング

以下の例文を読みながら、英文を聞く、読む、話す、書く
トレーニングをしましょう。詳しいトレーニング方法は
6 〜 7 ページに載っています。

聞く　＋　読む　＋　話す　トレーニング

1. **I am busy.** 私は忙しいです。

2. **She is a teacher.** 彼女は先生です。

3. **Hiroshi is my friend.** ヒロシは私の友人です。

4. **Sakura is not busy.** サクラは忙しくありません。

5. **Ryusuke isn't a singer.** リュウスケは歌手ではありません。

6. **That woman is not my sister.**
   あの女性は私の姉（妹）ではありません。

7. **Are you hungry?** あなたはお腹がすいていますか？

8. **Is he a student?** 彼は学生ですか？

9. **Yes, he is. / No, he's not.** はい、そうです。／ いいえ、違います。

10. **Is Mr. Naito your teacher?** ナイトウさんはあなたの先生ですか？

11. **Yes, he is. / No, he isn't.** はい、そうです。／ いいえ、違います。

書く

トレーニング（解答は156ページ）

12. 彼女は幸せです。→ ☐ ☐ ☐ .

13. あなたは若い（young）です。→ You ☐ ☐ .

14. ユナは美しいです。→ Yuna ☐ ☐ .

15. 私は背が高く（tall）ありません。
    → I ☐ ☐ ☐ .

16. あなたは忙しく（busy）ありません。
    → You ☐ ☐ .

17. 彼女は幸せですか？→ ☐ ☐ ☐ ?

4 技能トレーニング

以下の例文を読みながら、英文を聞く、読む、話す、書く
トレーニングをしましょう。詳しいトレーニング方法は
6 〜 7 ページに載っています。

聞く　＋　読む　＋　話す　トレーニング

1. **You play baseball.** あなたは野球をします。

2. **You go to the library.** あなたはその図書館に行きます。

3. **You look free.** あなたは時間があるように見えます。

4. **I don't play soccer.** 私はサッカーをしません。

5. **Don't go to the hospital.** その病院には行かないでください。

6. **You don't look free.** あなたは時間があるようには見えません。

7. **Do you play volleyball?** あなたはバレーボールをしますか？

8. **Yes, I do. / No, I don't.** はい、します。/ いいえ、しません。

9. **Do you go to the station?** あなたはその駅に行きますか？

10. **Yes, I do. / No, I don't.** はい、行きます。/ いいえ、行きません。

11. **Do I look hungry?** 私はお腹がすいているように見えますか？

12. **Yes, you do. / No, you don't.** はい、見えます。/ いいえ、見えません。

書く トレーニング （解答は156ページ）

13. 私はバスケットボール（basketball）をします。→ ☐ ☐ ☐ .

14. あなたは体調が悪い（sick）ように見えます。→ ☐ ☐ ☐ .

15. 私はギター（the guitar）を弾きません。

　　→ ☐ ☐ ☐ ☐ ☐ .

16. あなたは眠た（sleepy）そうに見えません。→ ☐ ☐ ☐ ☐ .

17. その教会（the church）に行きなさい。

　　→ ☐ ☐ ☐ ☐ .

18. あなたはその農場（the farm）に行きますか？

　　→ ☐ ☐ ☐ ☐ ☐ ☐ ?

19. いいえ、行きません。→ ☐ , ☐ ☐ .

4技能トレーニング

以下の例文を読みながら、英文を聞く、読む、話す、書く
トレーニングをしましょう。詳しいトレーニング方法は
6〜7ページに載っています。

1. **What is that?** あれは何ですか？

2. **It is his pen.** それは彼のペンです。

3. **Who is the singer?** その歌手は誰ですか？

4. **He is Mr. Taguchi.** 彼はタグチさんです。

5. **When is his birthday?** 彼の誕生日はいつですか？

6. **It's November 6.** 11月6日です。

7. **What do you have in your hand?** あなたは手の中に何を持っていますか？

8. **I have an eraser in my hand.** 私は手の中に消しゴムを持っています。

9. **Who do you usually meet here?** あなたはここで普段誰に会いますか？

10. **I usually meet Kenny here.** 私はここで普段ケニーに会います。

11. **Where do you use this pen?** あなたはどこでこのペンを使いますか？

12. **I use it at my office.** 私はそれを私のオフィスで使います。

書く
🖊 トレーニング（解答は156ページ）

13. あれは何ですか？ → ☐ ☐ ☐ ？

14. それは私の自転車（bike）です。 → ☐ ☐ ☐ bike.

15. あなたの誕生日はいつですか？
   → ☐ ☐ ☐ ☐ ？

16. それは1月（January）23日です。 → ☐ ☐ ☐ 23.

17. あなたはいつユイに会います（meet）か？
   → ☐ ☐ ☐ ☐ Yui?

18. 私は彼女に午後5時に会います。
   → ☐ ☐ ☐ ☐ 5 p.m.

4技能トレーニング

以下の例文を読みながら、英文を聞く、読む、話す、書く
トレーニングをしましょう。詳しいトレーニング方法は
6〜7ページに載っています。

 トレーニング

1. **Mr. Ibushi plays the guitar.** イブシさんはギターを弾きます。
2. **Ms. Suzuki goes to the bank.** スズキさんはその銀行に行きます。
3. **She looks tired.** 彼女は疲れているように見えます。
4. **Natsumi looks busy.** ナツミは忙しそうに見えます。
5. **He does not swim.** 彼は泳ぎません。
6. **Mr. Perkins doesn't go to church.** パーキンスさんは教会には行きません。
7. **Does Hina play the piano?** ヒナはピアノを弾きますか？
8. **Yes, she does. / No, she doesn't.** はい、弾きます。/ いいえ、弾きません。
9. **Does he go to the station?** 彼はその駅に行きますか？
10. **Yes, he does. / No, he doesn't.** はい、行きます。/ いいえ、行きません。
11. **Does Hiroto look hungry?** ヒロトはお腹がすいているように見えますか？
12. **Yes, he does. / No, he doesn't.** はい、見えます。/ いいえ、見えません。

 トレーニング（解答は156ページ）

13. 彼は新聞（newspaper）を読みます。→ ☐ ☐ a ☐ .

14. ケニーはその映画（the movie）を見ます。→ Kenny ☐ the ☐ .

15. オカダさんは走るのがとても速い（very fast）です。
　　→ Mr. Okada ☐ ☐ ☐ .

16. アオイは忙しそうに見えません。→ Aoi ☐ ☐ ☐ .

17. 彼はサッカー（soccer）をしますか？
　　→ ☐ ☐ ☐ ☐ ?

18. 彼女は空腹（hungry）に見えますか？→ ☐ ☐ ☐ ☐ ?

19. タグチさんはその歌を歌いますか？
　　→ ☐ Mr. Taguchi ☐ ☐ ☐ ?

4技能トレーニング

以下の例文を読みながら、英文を聞く、読む、話す
トレーニングをしましょう。詳しいトレーニング方法は
6～7ページに載っています。

聞く　読む　話す　トレーニング

1. **You can sing a song.** あなたは歌を歌うことができます。
2. **You may go to the park.** あなたはその公園に行ってもよいです。
3. **You must study hard.** あなたは一生懸命勉強をしなければなりません。
4. **You will watch the movie.** あなたはその映画を見るでしょう。
5. **I can't play the violin.** 私はバイオリンを弾くことができません。
6. **You may not read the book.** あなたはその本を読んではなりません。
7. **You must not listen to the radio.** あなたはラジオを聞いてはなりません。
8. **I will not watch TV.** 私はテレビを見るつもりはありません。
9. **Can you play the guitar?** あなたはギターを弾くことができますか？
10. **Yes, I can. / No, I can't.** はい、できます。 / いいえ、できません。
11. **Must you do your homework?** あなたは宿題をしなければなりませんか？
12. **Will you talk to her?** あなたは彼女と話すつもりですか？

書く

トレーニング（解答は156ページ）

13. あなたはそのコンピュータ（the computer）を使うことができます。
　　→ ◻ ◻ ◻ ◻ ◻ .

14. ミランダは英語を教えることができます。 → Miranda ◻ ◻ ◻ .

15. あなたはサッカーができません。 → ◻ ◻ ◻ ◻ .

16. ミサキは数学を教えることができません。
　　→ Misaki ◻ ◻ ◻ .

17. あなたは泳ぐことができますか？ → ◻ ◻ ◻ ？

18. はい、できます。 → ◻ , ◻ .

19. ミウは国語（Japanese）を教えることができますか？
　　→ ◻ Miu ◻ ◻ ？

4技能トレーニング

以下の例文を読みながら、英文を聞く、読む、話す、書く
トレーニングをしましょう。詳しいトレーニング方法は
6〜7ページに載っています。

聞く　　読む　　話す　トレーニング

1. **You are playing tennis.** あなたはテニスをしています。

2. **Nanami is listening to the speech.** ナナミはそのスピーチを聞いています。

3. **You are using the laptop.** あなたはそのノートパソコンを使っています。

4. **I am not studying math.** 私は数学の勉強をしているところではありません。

5. **Kota isn't going to the airport.** コウタはその空港に向かっているところではありません。

6. **You aren't using the smartphone.**
あなたはそのスマートフォンを使っているところではありません。

7. **Is Daiki listening to the radio?** ダイキはラジオを聞いているところですか？

8. **Yes, he is. / No, he isn't.** はい、そうです。/ いいえ、違います。

9. **Are you reading a book?** あなたは読書をしているところですか？

10. **Yes, I am. / No, I'm not.** はい、そうです。/ いいえ、違います。

書く
トレーニング（解答は156ページ）

11. 私はバスケットボールをしています。
　→ ☐ ☐ ☐ ☐ .

12. モエは歌を歌っています。
　→ Moe ☐ ☐ a ☐ .

13. 私は野球をしているところではありません。
　→ ☐ ☐ ☐ ☐ ☐ .

14. ナツキは歌を歌っているところではありません。
　→ Natsuki ☐ ☐ a ☐ .

15. あなたは野球をしているところですか？
　→ ☐ ☐ ☐ ☐ ?

16. ショウは歌を歌っているところですか？　→ ☐ Sho ☐ a ☐ ?

4技能トレーニング

以下の例文を読みながら、英文を聞く、読む、話す、書く
トレーニングをしましょう。詳しいトレーニング方法は
6〜7ページに載っています。

聞く　　読む　　話す
トレーニング

1. **I played volleyball yesterday.** 私は昨日バレーボールをしました。
2. **I went to school yesterday.** 私は昨日学校に行きました。
3. **You looked hungry.** あなたはお腹がすいているように見えました。
4. **I didn't swim yesterday.** 私は昨日泳ぎませんでした。
5. **I didn't go to the park last week.** 私は先週その公園には行きませんでした。
6. **You didn't look tired.** あなたは疲れているようには見えませんでした。
7. **Did you swim yesterday?** あなたは昨日泳ぎましたか？
8. **Yes, I did. / No, I didn't.** はい、泳ぎました。/ いいえ、泳ぎませんでした。
9. **Did you go to the farm last week?** あなたは先週その農場に行きましたか？
10. **Yes, I did. / No, I didn't.** はい、行きました。/ いいえ、行きませんでした。
11. **Did he look tired then?** 彼はそのとき疲れているように見えましたか？
12. **Yes, he did. / No, he didn't.**
    はい、見えました。/ いいえ、見えませんでした。

書く
トレーニング（解答は156ページ）

13. 私は昨日サッカーをしました。→ I ⬚ ⬚ ⬚ .

14. あなたは幸せそうに見えました。
    → ⬚ ⬚ ⬚ .

15. 私は昨日テニスをしませんでした。
    → I ⬚ ⬚ ⬚ ⬚ .

16. あなたはそのとき忙しそうには見えませんでした。
    → ⬚ ⬚ ⬚ ⬚ then.

17. あなたは昨日バスケットボールをしましたか？
    → ⬚ ⬚ ⬚ ⬚ yesterday?

be 動詞の過去形

4技能トレーニング

以下の例文を読みながら、英文を聞く、読む、話す、書く
トレーニングをしましょう。詳しいトレーニング方法は
6～7ページに載っています。

聞く　　読む　　話す

トレーニング

1. **Tetsuya was busy last month.** テツヤは、先月は忙しかったです。

2. **There were some dictionaries on the desk.** 机の上に数冊の辞書がありました。

3. **Ayaka wasn't a singer.** アヤカは歌手ではありませんでした。

4. **There weren't any dictionaries on the desk yesterday.**
   昨日、机の上には1冊の辞書もありませんでした。

5. **Was Mizuki a singer?** ミズキは歌手でしたか？

6. **Yes, she was. / No, she wasn't.**
   はい、そうでした。／いいえ、そうではありませんでした。

7. **Was Mr. Naito busy last week?** ナイトウさんは、先週は忙しかったですか？

8. **Yes, he was. / No, he wasn't.** はい、忙しかったです。／いいえ、忙しくなかったです。

9. **Were there any dictionaries on the desk?** 机の上に辞書はありましたか？

10. **Yes, there were. / No, there weren't.**
    はい、ありました。／いいえ、ありませんでした。

書く

トレーニング（解答は156ページ）

11. **タクミは、昨日は忙しかったです。** → Takumi ☐ ☐ ☐ .

12. **テーブルの上に3冊の辞書がありました。**
    → ☐ ☐ ☐ dictionaries ☐ ☐ ☐ .

13. **ユウトは、昨日は忙しくありませんでした。**
    → Yuto ☐ ☐ ☐ .

14. **テーブルの上には1冊のノートもありませんでした。**
    → ☐ ☐ ☐ notebooks ☐ ☐ ☐ .

15. **カイトは忙しかったですか？** → ☐ Kaito ☐ ?

4 技能トレーニング

以下の例文を読みながら、英文を聞く、読む、話す、書く
トレーニングをしましょう。詳しいトレーニング方法は
6 〜 7 ページに載っています。

聞く ＋ 読む ＋ 話す トレーニング

1. **I will swim tomorrow.** 私は明日泳ぐつもりです。
2. **I am going to swim tomorrow.** 私は明日泳ぐつもりです。
3. **I won't swim tomorrow.** 私は明日泳がないつもりです。
4. **I am not going to swim tomorrow.** 私は明日泳がないつもりです。
5. **Will you swim tomorrow?** あなたは明日泳ぐつもりですか？
6. **Yes, I will. / No, I won't.** はい、泳ぐつもりです。／ いいえ、泳がないつもりです。
7. **Are you going to swim tomorrow?** あなたは明日泳ぐつもりですか？
8. **Yes, I am. / No, I'm not.** はい、泳ぐつもりです。／ いいえ、泳がないつもりです。

書く トレーニング （解答は156ページ）

9. 私はサッカーをするつもりです。
   → ☐ ☐ ☐ ☐ .
10. ツバサはその雑誌（the magazine）を読むつもりです。
    → Tsubasa ☐ ☐ ☐ ☐ ☐ ☐ .
11. ユカは明日忙しいでしょう。
    → Yuka ☐ ☐ ☐ ☐ .
12. 私は明日バスケットボールをしないつもりです。
    → ☐ ☐ ☐ ☐ tomorrow.
13. リコはその本を読まないつもりです。
    → Riko ☐ ☐ ☐ ☐ ☐ ☐ ☐ .
14. あなたは明日バレーボールをするつもりですか？
    → ☐ ☐ ☐ volleyball ☐ ?
15. ソウタはその雑誌を読むつもりですか？
    → ☐ Sota ☐ ☐ ☐ ☐ ☐ ?

4技能トレーニング

以下の例文を読みながら、英文を聞く、読む、話す、書く
トレーニングをしましょう。詳しいトレーニング方法は
6〜7ページに載っています。

聞く ＋ 読む ＋ 話す トレーニング

1. **I must work today.** 私は、今日は仕事をしなければなりません。

2. **I have to work today.** 私は、今日は仕事をしなければなりません。

3. **You may read the magazine.** あなたはその雑誌を読んでもよいです。

4. **It may rain today.** 今日は雨が降るかもしれません。

5. **You mustn't eat this banana.** あなたはこのバナナを食べてはなりません。

6. **You don't have to study today.** あなたは、今日は勉強をする必要はありません。

7. **You may not go there.** あなたはそこに行ってはなりません。

8. **Must you study Japanese?** あなたは日本語を勉強しなければなりませんか？

9. **Yes, I must. / No, I don't have to.**
   はい、しなければなりません。／いいえ、する必要はありません。

10. **May I watch TV today?** 今日はテレビを見てもいいですか？

11. **Yes, of course. / Sure.** はい、もちろんです。／もちろん。

12. **I'm afraid you can't. / I'm sorry, you can't.** 申し訳ありませんが、だめです。

13. **Will you have to study math tomorrow?**
    あなたは明日、数学の勉強をする必要はありますか？

書く トレーニング（解答は156、157ページ）

14. あなたはその雑誌を読まなければなりません。
    → ☐ ☐ ☐ ☐ ☐ .

15. あなたはその雑誌を読んではなりません。
    → ☐ ☐ ☐ ☐ ☐ ☐ .

16. あなたはその雑誌を読まなければなりませんか？
    → ☐ ☐ ☐ ☐ ☐ ?

17. あなたは正しい（right）かもしれません。
    → ☐ ☐ ☐ ☐ .

4技能トレーニング

以下の例文を読みながら、英文を聞く、読む、話す、書くトレーニングをしましょう。詳しいトレーニング方法は6〜7ページに載っています。

 トレーニング

1. **Satoshi swims as fast as Kota.** サトシはコウタと同じくらい速く泳ぎます。

2. **I have as many books as Tetsuya.**
   私はテツヤと同じくらいたくさんの本を持っています。

3. **This apple isn't as big as that one.** このリンゴはあのリンゴほど大きくはありません。

4. **He can't run as fast as Yuri.** 彼はユリほど速くは走れません。

5. **That picture is more beautiful than this one.**
   あの写真はこの写真よりも美しいです。

6. **She speaks English better than Haruto.** 彼女はハルトよりも上手に英語を話します。

7. **Which is more popular, baseball or soccer?**
   野球とサッカーではどちらのほうが人気がありますか？

8. **Hiroshi is the most popular of the three.** ヒロシは3人の中で一番人気です。

9. **That restaurant is the oldest one in this town.**
   あのレストランはこの町で一番古いレストランです。

 トレーニング（解答は157ページ）

10. 彼女は彼女の姉と同じくらい背が高いです。
    → She 　　　　 　　　　 　　　　 　　　　 her sister.

11. 彼は彼の先生よりも速く走ることができます。
    → He can 　　　　 　　　　 　　　　 his teacher.

12. この車はあの車よりも高価ではありません。
    → This car 　　　　 　　　　 　　　　 　　　　 that one.

13. あなたのアイディアはタグチさんのアイディアほどよくはありません。
    → Your idea 　　　　 　　　　 　　　　 　　　　 Mr.Taguchi's idea.

14. あの家は5軒の中で一番高価です。
    → That house is 　　　　 　　　　 　　　　 　　　　 the five.

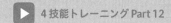

4技能トレーニング

以下の例文を読みながら、英文を聞く、読む、話す、書く
トレーニングをしましょう。詳しいトレーニング方法は
6〜7ページに載っています。

聞く ＋ 読む ＋ 話す トレーニング

1. **Mr. Naito likes to see movies.** ナイトウさんは映画を見ることが好きです。

2. **Mirai's plan is to go to the station tomorrow.**
   ミライの予定は、明日その駅に行くことです。

3. **It is easy to answer the question.** その問題を解くことはやさしいです。

4. **Rena has a lot of homework to do.** レナにはやるべき宿題がたくさんあります。

5. **Mr. Nakamura had something to tell her.**
   ナカムラさんは彼女に何か話すべきことがありました。

6. **Kenta goes to the park to play soccer.**
   ケンタはサッカーをするためにその公園に行きます。

7. **Emma grew up to be a famous actress.** エマは成長して有名な女優になりました。

8. **Mr. Nakamura was surprised to hear the news.**
   ナカムラさんはその知らせを聞いて驚きました。

書く

トレーニング （解答は157ページ）

9. ショウタはサッカーをするのが好きです。
   → Shota ☐ ☐ ☐ soccer.

10. タナハシさんはその本を読むのが難しい（difficult）とわかりました。
    → Mr. Tanahashi ☐ ☐ ☐ ☐ ☐ the book.

11. 私には彼女にたくさん質問することがあります。
    → ☐ ☐ a lot of questions ☐ ☐ her.

12. クシダさんはそのパン屋（the bakery）にパンを買いに行きました。
    → Mr. Kushida ☐ ☐ the bakery ☐ ☐ some bread.

13. あなたはコトネからEメールを受け取って（receive）、とても嬉しかったです。
    → ☐ ☐ very glad ☐ ☐ an e-mail from Kotone.

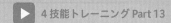

4技能トレーニング

以下の例文を読みながら、英文を聞く、読む、話す、書く
トレーニングをしましょう。詳しいトレーニング方法は
6～7ページに載っています。

トレーニング

1. **I was playing the piano then.** 私はそのときピアノを弾いていました。

2. **Yuka was listening to the radio when I called her.**
   私が電話をしたとき、ユカはラジオを聞いていました。

3. **You were using the laptop.**
   あなたはそのノートパソコンを使っていました。

4. **You weren't painting a picture when I called you.**
   私が電話をしたとき、あなたは絵を描いているところではありませんでした。

5. **Were you playing the piano?** あなたはピアノを弾いているところでしたか？

6. **Yes, I was. / No, I wasn't.**
   はい、そうです。/ いいえ、違います。

7. **Was Riku listening to the radio?** リクはラジオを聞いているところでしたか？

8. **Yes, he was. / No, he wasn't.** はい、そうです。/ いいえ、違います。

9. **What were you doing when I called you?**
   私が電話をしたとき、あなたは何をしていましたか？

書く トレーニング（解答は157ページ）

10. 私はそのときサッカーをしていました。
    → ☐ ☐ ☐ ☐ then.

11. 私はそのときサッカーをしているところではありませんでした。
    → ☐ ☐ ☐ ☐ then.

12. マナミは数学を教えているところではありませんでした。
    → Manami ☐ ☐ math.

13. 私が家に帰ったとき、兄はテレビを見ていました。
    → ☐ I ☐ ☐ , my brother ☐ ☐ TV.

14. あなたは英語を勉強しているところでしたか？
    → ☐ ☐ ☐ ☐ ?

Part 14　受動態

4技能トレーニング

以下の例文を読みながら、英文を聞く、読む、話す、書く
トレーニングをしましょう。詳しいトレーニング方法は
6〜7ページに載っています。

聞く　＋　読む　＋　話す　トレーニング

1. **This pen is used by Shiori.** このペンはシオリによって使われます。

2. **This pen isn't used by Ayano.** このペンをアヤノは使いません。

3. **He wasn't laughed at by Mr. Kidani.** 彼はキダニさんに笑われませんでした。

4. **That bike can't be borrowed from Mr. Tanahashi.**
   あの自転車をタナハシさんから借りることはできません。

5. **Was this car used by Naomichi?** この車はナオミチによって使われましたか？

6. **Yes, it was. / No, it wasn't.** はい、使われました。/ いいえ、使われませんでした。

7. **Was he laughed at by Mr. Kidani yesterday?**
   彼は昨日キダニさんに笑われましたか？

8. **Yes, he was. / No, he wasn't.**
   はい、笑われました。/ いいえ、笑われませんでした。

9. **Can that bike be borrowed from Mr. Tanahashi?**
   あの自転車をタナハシさんから借りることはできますか？

10. **Yes, it can. / No, it can't.** はい、できます。/ いいえ、できません。

書く　トレーニング（解答は157ページ）

11. そのピアノはアミによって弾かれます。
    → ☐ ☐ ☐ ☐ ☐ Ami.

12. その地図はダイスケによって見つけられたのではありません。
    → ☐ ☐ ☐ ☐ ☐ Daisuke.

13. その雑誌はそのお店では買えません。
    → ☐ ☐ ☐ be bought ☐ the store.

14. その雑誌はそのお店で買えますか？
    → ☐ ☐ ☐ ☐ bought ☐ the store?

4技能トレーニング

以下の例文を読みながら、英文を聞く、読む、話す、書く
トレーニングをしましょう。詳しいトレーニング方法は
6～7ページに載っています。

聞く＋読む＋話す　トレーニング

1. **You have already finished the job.** あなたはすでにその仕事を終えてしまいました。

2. **Mai hasn't finished her homework yet.** マイはまだ宿題を終えていません。

3. **Have you finished the job yet?** あなたはもうその仕事を終えましたか？

4. **Yes, I have. / No, I haven't.** はい、終えました。／いいえ、終えていません。

5. **I have visited Sapporo twice.** 私は札幌を2回訪れたことがあります。

6. **I have never been to Fukui.** 私は福井に一度も行ったことがありません。

7. **Rina has gone to Nagoya.** リナは名古屋に行ってしまいました。

8. **I have used this desk for five years.** 私はこの机を5年間使っています。

9. **How long have you used this bag?**
あなたはこのカバンをどのくらいの間使っていますか？

10. **I have used it since I was a junior high school student.**
私はそれを中学生だったころからずっと使っています。

11. **They have been playing in the park since this morning.**
彼らは今朝からずっとその公園で遊んでいます。

12. **How long has she been studying in her room?**
彼女はどのくらいの間、自分の部屋で勉強しているのですか？

書く トレーニング（解答は157ページ）

13. ダイキ（Daiki）はすでに彼のすべてのお金を使ってしまいました。
→ ☐ ☐ already ☐ all his money.　＊「使う」spend

14. ダイキはもう彼のすべてのお金を使ってしまいましたか？
→ ☐ ☐ ☐ all his money ☐ ?

15. ナナコはイギリスに何度も行ったことがあります。
→ Nanako ☐ ☐ ☐ the U.K. ☐ ☐ .

16. サクラは2時間ずっとユナと話しています。
→ Sakura ☐ ☐ ☐ with Yuna for two hours.

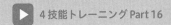
4技能トレーニング

以下の例文を読みながら、英文を聞く、読む、話す、書く
トレーニングをしましょう。詳しいトレーニング方法は
6〜7ページに載っています。

 トレーニング

1. **There is a sleeping cat.** 眠っている猫がいます。

2. **There is a cat sleeping on the bench.** ベンチの上で眠っている猫がいます。

3. **Who is the girl talking with Kazuki?**
   カズキと話をしているその女の子は誰ですか？

4. **The girl talking with Kazuki is Haruka.**
   カズキと話をしているその女の子はハルカです。

5. **The man walking over there is Tomoya.** 向こうを歩いている男性はトモヤです。

6. **This is a broken window.** これは壊れた窓です。

7. **This is a glass broken by Tatsuya.** これはタツヤによって壊されたグラスです。

8. **The picture painted by Mayu is this one.**
   マユによって描かれた絵はこの絵です。

9. **There are three languages spoken here.** ここでは3つの言語が話されています。

📝 トレーニング （解答は157ページ）

10. 向こうで雑誌を読んでいる女性は誰ですか？
    → Who is the woman ⬚ a ⬚ ⬚ ⬚ ?

11. 向こうで雑誌を読んでいる女性はナナです。
    → ⬚ ⬚ ⬚ a ⬚ ⬚ ⬚ ⬚ Nana.

12. オカさんによって撮られた写真（picture）が見えますか？
    → Can you ⬚ the ⬚ ⬚ Mr. Oka?

13. ここで話されている言語は中国語です。
    → The language ⬚ ⬚ is Chinese.

4技能トレーニング

以下の例文を読みながら、英文を聞く、読む、話す、書く
トレーニングをしましょう。詳しいトレーニング方法は
6〜7ページに載っています。

聞く + **読む** + **話す** トレーニング

1. **I have a friend that lives in Canada.** 私にはカナダに住んでいる友人がいます。

2. **Which is the picture that was painted by Kaede?**
   カエデによって描かれた絵はどれですか？

3. **I know a man who is a scientist.**
   私は科学者の男性を知っています。

4. **The man who I talked with yesterday is Mr. Sato.**
   私が昨日話をした男性はサトウさんです。

5. **Michiko has a bird which is called Pisuke.**
   ミチコはピスケと呼ばれる鳥を飼っています。

6. **He has a cat whose tail is long.** 彼はしっぽが長い猫を飼っています。

7. **Mr. Naito is the man whose shirt is black.**
   ナイトウさんは、黒いシャツを着ている男性です。

書く トレーニング（解答は157ページ）

8. 机の上に置かれているお皿（plate）が見えますか？
   → Can you [　　　] the [　　　][　　　][　　　][　　　] on the desk?

9. 私が昨日会った男性は、オメガさんです。　＊「会う」meet
   → The man [　　　][　　　][　　　] yesterday is Mr. Omega.

10. 私が昨日見た赤い車は、オカダさんの車でした。
    → The red car [　　　][　　　][　　　] yesterday was Mr. Okada's car.

11. しっぽが黒いあの犬が見えますか？
    → Can you [　　　] that dog [　　　] tail [　　　][　　　] ?

12. あの車体（body）が金色の自転車は、リョウタのものです。
    → The bike [　　　][　　　][　　　] gold is Ryota's.

4技能トレーニング

以下の例文を読みながら、英文を聞く、読む、話す、書く
トレーニングをしましょう。詳しいトレーニング方法は
6〜7ページに載っています。

1. **She made her son study English.** 彼女は息子に英語を勉強させました。

2. **My parents let me stay in Canada.** 両親は私をカナダに滞在させてくれました。

3. **I will have my daughter take you to the station.**
   私は娘にあなたをその駅まで送らせるつもりです。

4. **Miu helped Hina carry her bags.** ミウはヒナがかばんを運ぶのを手伝いました。

5. **We saw Kota run very fast.** 私たちはコウタがとても速く走るのを見ました。

6. **Yuto heard Moe play the violin well.**
   ユウトはモエがバイオリンを上手に弾くのを聞きました。

7. **They felt someone come into their house.**
   彼らは誰かが家に入って来るのを感じました。

8. **Sota watched Ayaka dance.** ソウタはアヤカが踊るのをじっと見ました。

書く ✏️ **トレーニング**（解答は157ページ）

9. ダイキは弟に自分のサッカーボールを使わせてやりませんでした。
   → Daiki didn't ☐ ☐ ☐ ☐ Daiki's soccer ball.

10. 私は歯医者さんに歯を診て（check）もらうつもりです。
    → I ☐ ☐ the dentist ☐ my teeth.

11. 私は彼が部屋の掃除をするのを手伝いました。
    → I ☐ ☐ ☐ his room.

12. リコは誰かが後ろを歩くのを感じました。
    → Riko ☐ ☐ ☐ behind her.

13. 私たちは彼女がピアノを弾くのをじっと見ました。
    → We ☐ ☐ ☐ the piano.

4技能トレーニング

以下の例文を読みながら、英文を聞く、読む、話す、書く
トレーニングをしましょう。詳しいトレーニング方法は
6〜7ページに載っています。

1. **If Tsubasa had a little brother, they might practice soccer together every day.**
   もしツバサに弟がいたら、彼らは毎日一緒にサッカーの練習をするかもしれません。

2. **If it were sunny tomorrow, I could go hiking.**
   （降水確率100％と聞いて）もし明日晴れなら、ハイキングに行けるのですが。

3. **If I were you, I would join the contest.**
   もし私があなたなら、そのコンテストに参加するでしょう。

4. **If I could speak English well, I could help you.**
   もし私が英語を上手に話せたら、あなたを助けられるのですが。

5. **I wish I had a grand piano.** 私がグランドピアノを持っていたらいいのですが。

6. **I wish I were a great cook.** 私がすばらしい料理人ならいいのですが。

7. **I wish we could go to the museum together.**
   一緒にその博物館に行けたらいいのですが。

 書く **トレーニング**（解答は157ページ）

8. もし宿題がなかったら、テレビを見ることができるのですが。
   → If I ☐ no homework, I ☐ ☐ TV.

9. もし彼が今ここにいたら、彼はとても喜んでいるかもしれません。
   → If he ☐ here now, he ☐ ☐ very happy.

10. 彼が私のお兄さんならいいのですが（お兄さんではありません）。
    → I ☐ he ☐ my brother.

11. 私が速く走ることができたらいいのですが（できません）。
    → I ☐ I ☐ ☐ fast.

Lesson 1 基本文型

▶ ポイント解説 1

英文には以下の 5 つの文型があり、これらを「基本文型」といいます。

第 1 文型 主語 + 動詞 + α

　主語と動詞のみで構成される文は少なく、たいていは文を修飾する + α の言葉が加えられます。

第 2 文型 主語 + 動詞 + 補語

　She is happy.（彼女は幸せです）のように、主語と補語が「 = 」（イコール）になるときの文型を第 2 文型と呼びます。

第 3 文型 主語 + 動詞 + 目的語

　I eat lunch.（私は昼食を食べます）のように、主語 + 動詞の後ろに「～を」という意味の目的語がくる文型を第 3 文型と呼びます。

第 4 文型 主語 + 動詞 + 目的語（A）+ 目的語（B）「～はAにBを…する」

　第 4 文型の動詞には、「～を与える」など、誰かに対して何かを行うことを表すものがよく使われ、その後に「人 + 物」が続いて「人に物を～する」という意味を表します。

例 I will give you some books.
　　　　あげる あなたに　　数冊の本を

訳 私はあなたに数冊の本をあげるつもりです。

第 5 文型 主語 + 動詞 + 目的語 + 補語

　第 5 文型でよく使われる動詞には、make AB「A を B にする」、find AB「A が B だとわかる」、call AB「A を B と呼ぶ」、name AB「A を B と名づける」、keep AB「A を B のままにする」、leave AB「A を B のままにしておく」などがあります。

例 I found the book interesting.
　　　　　　その本（目的語）＝おもしろい（補語）

訳 私はその本がおもしろいとわかりました。

動名詞

▶ ポイント解説2

名詞のはたらきをする動詞の ing 形のことを、「動名詞」と呼びます。
動名詞は「〜すること」という意味で、名詞の役割を果たします。名詞なので、文の中では主語・補語・動詞の目的語・前置詞の目的語になります。とくに、前置詞の直後に動名詞を置けるということをおさえておいてください。では、動名詞のさまざまな使いかたを見ていきましょう。

動名詞が主語になっている文

例 **Watching** movies is fun for me.

訳 映画を見ることは私にとって楽しいです。

動名詞がbe動詞の後ろにあり、主語の補語になっている文

例 My hobby is **watching** movies.

訳 私の趣味は映画を見ることです。

動名詞が動詞の目的語になっている文

例 I like **watching** movies.

訳 私は映画を見ることが好きです。

　この watching は to 不定詞の to watch に置きかえることができます。ただし enjoy や finish などの後ろに置けるのは動名詞のみで、to 不定詞を置くことはできません。原則、動名詞は「すでに起きていること」を表し、to 不定詞は「これから起こること」を表します。enjoy や finish は「すでに起きていること」を楽しんだり、終えたりするので、後ろには動名詞が来るのです。

動名詞が前置詞の後ろにあり、前置詞の目的語になっている文

例 She is good at **singing**.

訳 彼女は歌うのが上手です。

<table>
<tr><td>Lesson
3</td><td># 命令文</td><td>▶ ポイント解説 3</td></tr>
</table>

命令文は「〜しなさい」や「〜するな」という意味を表し、動詞の原形もしくは Don't ＋動詞の原形を使って表します（22、23ページ参照）。

「〜しなさい」という命令文は Look at the picture.「その写真を見なさい」のように、主語を入れずに動詞の原形からはじめるのが特徴です。「〜するな」の場合はその前に Don't を置きます。

一般動詞を使った命令文

例 **Open** the window.

訳 窓を開けなさい。

2人称が主語の英文 You open the window. から、主語の You を外した形にします。

be動詞を使った命令文

例 **Be quiet.**

訳 静かにしなさい。

be 動詞を使う場合には、Be careful!「気をつけて！」のように、be 動詞の原形を文頭に置いて文を作ります。

Please be quiet. や Be quiet, please. のように、文頭か文末に please をつけると、「〜してください」という、ややていねいな命令文になります。

Let'sを使った命令文

例 **Let's go** to the park. – Yes, let's. / No, let's not.

訳 公園に行きましょう。– はい、そうしましょう。/ いいえ、やめましょう。

Let's ＋動詞の原形で「〜しましょう」と、人を勧誘する命令文になります。

Let's で始まる文に応答するときは、Yes や No の後ろに let's または let's not を続けます。

Lesson 4 接続詞

接続詞は「単語と単語」、「語句と語句」、「節と節」をつなぎます。

単語、語句、節のすべてをつなぐことができる接続詞

and（〜と…）・**but**（〜だが…）・**or**（〜か…）など

これらの接続詞は、基本的に単語どうし、語句どうし、そして節どうしをつなぐことができます。

語句と語句をつなぐ例

例 Mr. Naito has a black belt <u>and</u> a white belt.

訳 ナイトウさんは黒いベルトと白いベルトを持っています。

節と節をつなぐ例

例 I'm from Mexico, <u>but</u> she is from the U.K.

訳 私はメキシコ出身ですが、彼女はイギリス出身です。

節と節をつなぐときにだけ使える接続詞

when（〜するとき）・**because**（〜なので）・**if**（もし〜ならば）・**that**（〜ということ）・**unless**（〜でない限り）など

例 <u>When</u> I got home, my dog was sleeping.

訳 私が家に帰ったとき、うちの犬は眠っていました。

例 I know <u>that</u> he is from the U.S.

訳 私は彼がアメリカ出身だということを知っています。

thatやwhatなどではじまる節 ▶ ポイント解説5

接続詞の that は「〜ということ」という意味で、that + 主語 + 動詞 + α のカタマリが文の一部になります。

主語 + be動詞 + 形容詞 + thatではじまる節

例 I'm sure **that** you'll be a good teacher.

訳 きっとあなたはいい先生になるでしょう。

例 I'm glad **that** he came to my birthday party.

訳 私は、彼が私の誕生日パーティーに来てくれてうれしいです。

　sure（確信して）・**glad**（喜んで）・**happy**（喜んで）・**sad**（悲しんで）・**angry**（怒って）・**surprised**（驚いて）・**excited**（わくわくして）・**sorry**（残念に思って）などの「**感情・心理**」**を表す形容詞**の後に that ではじまる節を続けると、その感情や心理が何についてのものなのかを表すことができます。この文では、**that は省略することもできます**。

主語 + 動詞 + 目的語 + thatやwhatなどではじまる節

例 Mr. Okada often tells us **that** we should study abroad.

訳 オカダ先生はよく私たちに外国で勉強するべきだと言います。

　この文は「A に B を〜する」という意味を表す、主語 + 動詞 + 目的語（A）+ 目的語（B）の文で、that ではじまる節の内容（＝私たちが外国で勉強するべきだということ）が目的語（B）になっています。この文ではふつう **that は省略しません**。また、目的語（B）を what などではじまる節を使って表すこともできます。**what** 以外にも **when・where・who・how** などが使われます（間接疑問文：149ページ参照）。

例 Please tell me **what** I should buy for her.

訳 彼女に何を買うべきか私に教えてください。

前置詞

▶ ポイント解説6

前置詞は名詞の前に置き、前置詞＋名詞で「時」や「場所・方向」、「方法」などを表します。

「時」を表す前置詞

at noon（正午に）、**on** Sunday（日曜日に）、**in** winter（冬に）など

例 We go to Tokyo Dome <u>on</u> January 4 every year.

訳 私たちは毎年1月4日に東京ドームに行きます。

「場所・方向」を表す前置詞

at the station（駅で）、**in** the park（公園で）、**on** the desk（机の上に）、**for** Osaka（大阪へ）、**to** Japan（日本へ）など

例 Shingo is swimming <u>in</u> the pool.

訳 シンゴはそのプールで泳いでいます。

その他の前置詞

by train（電車で）、**in** Chinese（中国語で）、**with** my friends（私の友人たちと一緒に）、**until** 5:00 p.m.（午後5時まで〈ずっと〉）、**by** 5:00 p.m.（午後5時までに）、**since** 2010（2010年から）、**during** the summer（その夏の間ずっと）など

例 Mr. Sanada walks to the park <u>with</u> his dog every morning.

訳 サナダさんは毎朝、彼の犬と一緒に公園に歩いて行きます。

Lesson 7 間接疑問文

▶ ポイント解説7

間接疑問文は、疑問詞＋主語＋動詞のカタマリが肯定文の一部になっている英文です。

例 I don't know where she is from.

訳 私は彼女がどこ出身なのかを知りません。

「彼女はどこ出身ですか？」は Where is she from? となりますが、肯定文の中に疑問文が入る間接疑問文では「疑問詞＋主語＋動詞＋α」の語順になります。

例 Do you know when he will leave for Sendai?

訳 あなたはいつ彼が仙台に向けて出発するかを知っていますか？

Lesson 8 付加疑問文

▶ ポイント解説8

付加疑問文は、文末に疑問の形を加えて、相手に確認をしたり同意を求めたりする疑問文です。

例 Tetsuya speaks Spanish, doesn't he?

訳 テツヤはスペイン語を話しますよね？

カンマ（,）より前の文が肯定文のときは、文末に「否定＋主語」を、否定文のときは、文末に「肯定＋主語」をつけます。

例 Takaaki doesn't speak Spanish, does he?

訳 タカアキはスペイン語を話しませんよね？

例 Mr. Tanahashi isn't tired, is he?

訳 タナハシさんは疲れていませんよね？

最後を上げ調子で読むと「〜でしたっけ？」と確認するニュアンスになり、最後を下げ調子で読むと「〜ですよね？」と同意を求めるニュアンスになります。

＊このページの音声は語尾を下げ調子で読んだものを収録しています。

否定疑問文

 ポイント解説 9

否定疑問文は Don't you...? や Aren't you...? のように「否定表現」で始まる疑問文で「〜しないのですか？」「〜ではないのですか？」という意味を表します。

例 **Don't you** know her name?

　– **Yes, I do.** / **No, I don't.**

訳 あなたは彼女の名前を知らないのですか？

　– いいえ、知っています。/ はい、知りません。

　否定疑問文で注意が必要なのは、応答のしかたです。英語では常に「肯定の内容であれば Yes」、「否定の内容であれば No」で応答します。つまり「彼女の名前を知っている」なら Yes, I do. で応答し、「彼女の名前を知らない」なら No, I don't. で応答するのです。日本語では「知らないのですか？」と聞かれたら「はい、知りません」か「いいえ、知っています」と応答しますが、英語では「知っている」なら Yes、「知らない」なら No で応答すると覚えておいてください。

例 **Aren't you** Kenny's brother?

　– **Yes, I am.** / **No, I'm not.**

訳 あなたはケニーのお兄さん［弟さん］ではないのですか？

　– いいえ、私は彼の兄［弟］です。/
　　はい、私は彼の兄［弟］ではありません。

例 **Isn't he** our teacher?

　– **Yes, he is.** / **No, he isn't.**

訳 彼は私たちの先生ではないのですか？

　– いいえ、彼は私たちの先生です。/
　　はい、彼は私たちの先生ではありません。

感嘆文　　　　　　　　　▶ ポイント解説10

感嘆文は How や What を使って、喜び、驚きなどの強い感情を表す文です。How や What の後ろに置く形容詞や副詞、句を強調します。

① How ＋形容詞もしくは副詞＋主語＋動詞 ... ！「〜は何て…なのでしょう！」

例 **How** nice this picture is!

訳 この絵は何て素敵なのでしょう！

例 **How** fast Mr. Okada can run!

訳 オカダさんは何て速く走ることができるのでしょう！

例 **How** interesting this book is!

訳 この本は何ておもしろいのでしょう！

② What ＋（a〈an〉＋）形容詞＋名詞＋主語＋動詞 ... ！「〜は何て…な―（を…するの）でしょう！」

例 **What** a nice picture this is!

訳 これは何て素敵な絵なのでしょう！

例 **What** a big school that is!

訳 あれは何て大きな学校なのでしょう！

例 **What** beautiful flowers you have in the garden!

訳 何て美しい花々をあなたは庭に持っているのでしょう！

　What の後ろに来る名詞が複数形のときや、数えられない名詞のときは、冠詞の a や an は置きません。

Lesson 11　to不定詞の応用パターン　▶ ポイント解説11

78〜83ページで学習したto不定詞について、さまざまな応用パターンを紹介します。

① tell 、ask、want ＋人＋ to 不定詞「人に〜するように言う・頼む、人に〜してほしい」

例　She asked me to stay here.

訳　彼女は私にここにいるように頼みました。

②疑問詞＋ to 不定詞「疑問詞の意味（誰に・どのようになど）＋〜すればいいのか」

例　Please tell me how to use this laptop.

訳　私にこのノートパソコンの使いかた（＝このノートパソコンをどのように使えばいいのか）を教えてください。

③ It is A for B to 不定詞「〜することは B にとって A だ」

例　It is difficult for me to read this book.

訳　この本を読むことは私にとって難しいです。

④ too A for B to 不定詞「B が〜するにはあまりにも A すぎる」

例　This book is too difficult for me to read.

訳　この本は、私が読むにはあまりにも難しすぎます。

Lesson 12　代名詞　▶ ポイント解説12

代名詞は、文の中でのはたらきによって形が変化します。

人称と数		主格 （〜は）	所有格 （〜の）	目的格 （〜を・に）	所有代名詞 （〜のもの）	再帰代名詞 （〜自身）
1人称単数		I	my	me	mine	myself
1人称複数		we	our	us	ours	ourselves
2人称	単数	you	your	you	yours	yourself
	複数					yourselves
3人称単数		he	his	him	his	himself
		she	her	her	hers	herself
		it	its	it	なし	itself
3人称複数		they	their	them	theirs	themselves

代名詞は、文の主語になるときの「主格」、所有を表すときの「所有格」、「〜を」「〜に」を表す「目的格」、所有格から変化した「〜のもの」という意味の「所有代名詞」、「〜自身」という意味の「再帰代名詞」に分けられます。

形容詞・副詞の比較変化形

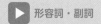

❶ -er、-est をつけるもの

単語の意味	原級	比較級	最上級
速い、速く	fast	faster	fastest
高い	high	higher	highest
長い	long	longer	longest
新しい	new	newer	newest
古い	old	older	oldest
短い	short	shorter	shortest
小さい	small	smaller	smallest
高い	tall	taller	tallest

❷ -r、-st をつけるもの

大きい	large	larger	largest
素敵な	nice	nicer	nicest

❸ y を i に変えて -er、-est をつけるもの

忙しい	busy	busier	busiest
早い、早く	early	earlier	earliest

❹ 子音字を重ねて -er、-est をつけるもの

大きい	big	bigger	biggest
暑い	hot	hotter	hottest

❺ more、most をつけるもの

美しい	beautiful	more beautiful	most beautiful
難しい	difficult	more difficult	most difficult
有名な	famous	more famous	most famous
大切な	important	more important	most important
人気がある	popular	more popular	most popular

❻ 不規則に変化させるもの

悪い	bad	worse	worst
よい／上手に／とても	good／well very much	better	best
少ない	little	less	least
多い(数)	many	more	most
多い(量)	much	more	most

＊それぞれの発音は、形容詞・副詞で確認しましょう。

不規則動詞の変化形

❶過去形と過去分詞が同じパターンの不規則動詞

単語の意味	原形	過去形	過去分詞
持ってくる	bring	brought	brought
建てる	build	built	built
買う	buy	bought	bought
捕まえる	catch	caught	caught
感じる	feel	felt	felt
見つける	find	found	found
得る	get	got	got（gotten）
持っている	have	had	had
聞く	hear	heard	heard
つかむ	hold	held	held
保つ	keep	kept	kept
横たえる	lay	laid	laid
出発する	leave	left	left
貸す	lend	lent	lent
失う	lose	lost	lost
作る	make	made	made
意味する	mean	meant	meant
会う	meet	met	met
言う	say	said	said
探す	seek	sought	sought
売る	sell	sold	sold
送る	send	sent	sent
座る	sit	sat	sat
眠る	sleep	slept	slept
費やす	spend	spent	spent
立つ	stand	stood	stood
教える	teach	taught	taught
話す	tell	told	told
考える	think	thought	thought
理解する	understand	understood	understood

❷原形と過去分詞が同じパターンの不規則動詞

～になる	become	became	become
来る	come	came	come
走る	run	ran	run

❸原形・過去形・過去分詞の、すべてが違うパターンの不規則動詞

単語の意味	原形	過去形	過去分詞
～である、いる、ある	be（are）	were	been
～である、いる、ある	be（is、am）	was	been
はじめる	begin	began	begun
壊す	break	broke	broken
する	do	did	done
描く	draw	drew	drawn
飲む	drink	drank	drunk
運転する	drive	drove	driven
食べる	eat	ate	eaten
落ちる	fall	fell	fallen
飛ぶ	fly	flew	flown
忘れる	forget	forgot	forgotten（forgot）
与える	give	gave	given
行く	go	went	gone
成長する	grow	grew	grown
知っている	know	knew	known
横たわる	lie	lay	lain
乗る	ride	rode	ridden
上がる	rise	rose	risen
見る	see	saw	seen
見せる	show	showed	shown（showed）
歌う	sing	sang	sung
話す	speak	spoke	spoken
泳ぐ	swim	swam	swum
取る	take	took	taken
投げる	throw	threw	thrown
書く	write	wrote	written

❹原形・過去形・過去分詞の、すべてが同じパターンの不規則動詞

切る	cut	cut	cut
打つ	hit	hit	hit
置く	put	put	put
読む	read	read	read

＊それぞれの発音は、 ▶ 不規則動詞で確認しましょう。

4技能トレーニング解答

Part 1 be 動詞

12. She is happy.
13. You are young.
14. Yuna is beautiful.
15. I am not tall.
16. You aren't busy.
17. Is she happy?

Part 2 一般動詞

13. I play basketball.
14. You look sick.
15. I don't play the guitar.
16. You don't look sleepy.
17. Go to the church.
18. Do you go to the farm?
19. No, I don't.

Part 3 疑問詞

13. What is that?
14. It is my bike.
15. When is your birthday?
16. It is January 23.
17. When do you meet Yui?
18. I meet her at 5 p.m.

Part 4 3 人称単数現在形

13. He reads a newspaper.
14. Kenny sees (watches) the movie.
15. Mr. Okada runs very fast.
16. Aoi doesn't look busy.
17. Does he play soccer?
18. Does she look hungry?
19. Does Mr. Taguchi sing the song?

Part 5 助動詞の can

13. You can use the computer.
14. Miranda can teach English.
15. You can't (cannot) play soccer.

16. Misaki can't (cannot) teach math.
17. Can you swim?
18. Yes, I can.
19. Can Miu teach Japanese?

Part 6 現在進行形

11. I am playing basketball.
12. Moe is singing a song.
13. I am not playing baseball.
14. Natsuki isn't singing a song.
15. Are you playing baseball?
16. Is Sho singing a song?

Part 7 一般動詞の過去形

13. I played soccer yesterday.
14. You looked happy.
15. I didn't play tennis yesterday.
16. You didn't look busy then.
17. Did you play basketball yesterday?

Part 8 be 動詞の過去形

11. Takumi was busy yesterday.
12. There were three dictionaries on the table.
13. Yuto wasn't busy yesterday.
14. There weren't any (were no) notebooks on the table.
15. Was Kaito busy?

Part 9 未来を表す表現

9. I will play soccer.
10. Tsubasa is going to read the magazine.
11. Yuka will be busy tomorrow.
12. I won't play basketball tomorrow.
13. Riko is not going to read the book.
14. Will you play volleyball tomorrow?
15. Is Sota going to read the magazine?

Part 10 助動詞の must や may

14. You must read the magazine.

15. You must (may) not read the magazine.

16. Must you read the magazine?

17. You may be right.

Part 11 比較

10. She is as tall as her sister.

11. He can run faster than his teacher.

12. This car isn't more expensive than that one.

13. Your idea isn't as good as Mr.Taguchi's idea.

14. That house is the most expensive of the five.

Part 12 to 不定詞

9. Shota likes to play soccer.

10. Mr. Tanahashi found it difficult to read the book.

11. I have a lot of questions to ask her.

12. Mr. Kushida went to the bakery to buy some bread.

13. You were very glad to receive an e-mail from Kotone.

Part 13 過去進行形

10. I was playing soccer then.

11. I wasn't playing soccer then.

12. Manami wasn't teaching math.

13. When I got (came) home, my brother was watching TV.

14. Were you studying English?

Part 14 受動態

11. The piano is played by Ami.

12. The map wasn't found by Daisuke.

13. The magazine can't (cannot) be bought at (in) the store.

14. Can the magazine be bought at (in) the store?

Part 15 現在完了形

13. Daiki has already spent all his money.

14. Has Daiki spent all his money yet?

15. Nanako has been to the U.K. many times.

16. Sakura has been talking (speaking) with Yuna for two hours.

Part 16 後置修飾

10. Who is the woman reading a magazine over there?

11. The woman reading a magazine over there is Nana.

12. Can you see the picture taken by Mr. Oka?

13. The language spoken here is Chinese.

Part 17 関係代名詞

8. Can you see the plate that (which) is put on the desk?

9. The man that (who /whom) I met yesterday is Mr. Omega.

10. The red car that (which) I saw yesterday was Mr. Okada's car.

11. Can you see that dog whose tail is black?

12. The bike whose body is gold is Ryota's.

Part 18 原形不定詞

9. Daiki didn't let his brother use Daiki's soccer ball.

10. I will have the dentist check my teeth.

11. I helped him clean his room.

12. Riko felt someone (somebody) walk behind her.

13. We watched her play the piano.

Part 19 仮定法

8. If I had no homework, I could watch TV.

9. If he were here now, he might be very happy.

10. I wish he were my brother.

11. I wish I could run fast.

意味つき索引

※太字のページには、用語の解説が詳しく載っています

著者紹介

濵﨑　潤之輔 （はまさき・じゅんのすけ）

◉──大学・企業研修講師、書籍編集者。早稲田大学政治経済学部経済学科卒業。

◉──大学卒業後、大手証券会社での勤務を経て、神奈川県にある大手学習塾の専任講師となる。2004年に独立し、自身の塾で小学生や中学生を対象に受験対策の指導経験を積む。苦手意識のある生徒にいかに自信をつけさせるかを第一義に考えた指導を続け、数多くの第一志望合格者を輩出。

◉──これまでにTOEICテスト（現：TOEIC L&Rテスト）990点（満点）を80回以上取得。TOEICテストの受験をはじめてから1年は、「人気の問題集をひたすら買っては解く」勉強法で点数を伸ばしたが、あるとき壁にぶつかり、何度受験しても自己ベストが更新されないようになる。そこで、「問題の正解を求める」ことではなく、「英語の本質を理解できる」ことを重視して基礎から学び直したところ、念願の満点を取れるようになった。本書は、著者の「これから英語力を伸ばしたい人こそ基本に立ち返るべき」という考えのもと、英語力の土台となる中学英語の基礎とポイントをまとめたものである。

◉──現在は、全国の大学で講師を務めるかたわら、ファーストリテイリングや楽天銀行、SCSK（住友商事グループ）、エーザイ、オタフクソースといった大手企業でもTOEIC L&Rテスト対策の研修を行う。主催するTOEIC L&Rテスト対策合宿・セミナーはいつも満席になるほどの人気で、スコアアップしたいだけでなく英語力も身につけたいと考える多くの人たちに支持されている。

◉──著書に、『改訂版 中学校3年間の英語が1冊でしっかりわかる問題集』（かんき出版）、『TOEIC L&Rテスト990点攻略』（旺文社）や『はじめて受けるTOEICテスト パーフェクト入門』（桐原書店）などがあり、監修した書籍も含めると累計80万部以上の実績を誇る。

◉──本書は、15万部のベストセラーとなった『中学校3年間の英語が1冊でしっかりわかる本』を、2021年度からの新指導要領に対応させた改訂版である。

Twitterアカウント：@HUMMER_TOEIC
Instagramアカウント：junnosuke_hamasaki

かんき出版 学習参考書のロゴマークができました！

明日を変える。未来が変わる。
マイナス60度にもなる環境を生き抜くために、たくさんの力を蓄えているペンギン。
マナPenくんは、知識と知恵を蓄え、自らのペンの力で未来を切り拓く皆さんを応援します。

マナPenくん®

改訂版 中学校3年間の英語が1冊でしっかりわかる本

2017年1月5日	初版　第1刷発行
2020年12月7日	改訂版第1刷発行
2024年9月2日	改訂版第11刷発行

著　者──濵﨑　潤之輔
発行者──齊藤　龍男
発行所──株式会社かんき出版
　　　　　東京都千代田区麹町4-1-4 西脇ビル　〒102-0083
　　　　　電話　営業部：03（3262）8011代　編集部：03（3262）8012代
　　　　　FAX　03（3234）4421　　　　　　振替　00100-2-62304
　　　　　https://www.kanki-pub.co.jp/
印刷所──TOPPANクロレ株式会社

・カバーデザイン
　Isshiki
・本文デザイン
　二ノ宮　匡（ニクスインク）
・DTP
　畑山　栄美子（エムアンドケイ）
　茂呂田　剛（エムアンドケイ）
・イラスト
　村山　宇希（ぽるか）
・音声収録
　本郷賢（ティー・オー・シー）
　ELEC
・ナレーション
　メリッサ・マックブライアン　リー・スターク
　Rachel Walzer　吉田　浩二
・編集協力
　広川　千春（マイプラン）
　山本　真梨絵（マイプラン）